Lass uns besser heiraten!

Besondere Hochzeiten für
Menschen von heute

gestalten

Inhalt

Inhalt

*

Lass uns besser heiraten! Für ein Ja, das euch gehört

Eine Sammlung der schönsten Ideen von
23 glücklichen, ausgefallenen und inspirierenden
Hochzeiten aus aller Welt

Zuallererst: Küsst euch, macht den Champagner auf und tanzt wild durchs Wohnzimmer. Ihr seid verlobt! Herzlichen Glückwunsch! Vor euch liegen aufregende Monate voller Planung und Vorfreude auf den großen Tag. Dabei gilt: Kluge Paare planen nicht alleine, sondern holen sich Hilfe. Die schönsten Hochzeiten sind die mit der besten Vorbereitung. Die folgenden Seiten stecken voller Inspiration, Know-how und Tipps für eure ganz individuelle Traumhochzeit. Von der kleinen Strandhochzeit in Portugal und der Trauung im Zirkuszelt über das DIY-Gartenfest und die Karibikhochzeit nur zu zweit bis zur großen Feier in der traumhaften Hacienda: *Lass uns besser heiraten!* nimmt euch mit zu Trauungen weltweit und zeigt Paare, die ihre ganz eigenen Vorstellungen und ihre persönliche Handschrift gelungen auf die Zeremonie, den Ort und das anschließende Fest übertragen.

So unterschiedlich die hier gezeigten Hochzeiten auch sind: Sie alle eint die Liebe zweier Menschen zueinander. Diese Bräute und Bräutigame tauschen das One-size-fits-all-Konzept gegen Persönlichkeit und machen Traditionen zur eigenen Angelegenheit. Das Outfit wird zum Statement für die eigene Überzeugung und die Feier zum Symbol für den gemeinsam gewählten Lifestyle. Die Einschränkungen während der COVID-19-Pandemie haben solche Ideen noch befeuert. Viele Paare sagten geplante Feiern ab, disponierten um und wurden kreativ – oft mit erstaunlichem Ergebnis.

Nicht zuletzt hat diese Entwicklung auch den Trend zu Mikrohochzeiten unterstützt. Immer mehr Paare entscheiden sich für eine privat gehaltene Feier mit maximal 50 Gästen. Neben dem persönlicheren Flair hat eine kleine Hochzeit auch andere praktische Seiten. So kann das größere Budget pro Gast in ein besonders elaboriertes Menü oder ein traumhaftes Feuerwerk investiert werden. Manche Liebenden gehen noch weiter und lassen sich nur zu zweit trauen, um diesen intimen Moment ganz für sich und ohne Zuschauer, große Party und Druck von außen zu genießen. Andere planen einfach zwei Feiern: eine für den engsten Kreis und eine zweite als großes, rauschendes Fest ein paar Tage oder Monate später. Zudem setzen immer mehr Paare auf Nachhaltigkeit, wählen Locations mit kurzem Anfahrtsweg oder servieren ein saisonales Hochzeitsmenü.

„Das Outfit wird zum Statement für die eigene Überzeugung und die Feier zum Symbol für den gemeinsam gewählten Lifestyle."

Ganz gleich, ob ihr euch das Jawort zu zweit im Park geben wollt oder eine wilde Überraschungsparty für Familie und Freunde plant: Eure Hochzeit darf heute genau so sein, wie ihr sie euch wünscht! Wir leben endlich in einer Zeit, in der wir heiraten dürfen, wen, wie und wo wir möchten. Auch wenn Familie, Tradition und Hollywood euch bedrängen: Ihr schuldet niemandem eine klassische Hochzeit. Viele Paare emanzipieren sich von fremden Vorstellungen, gehen ihren eigenen Weg und heiraten trotzdem – nur anders.

Zahlreiche Hochzeitsplaner haben sich inzwischen auf ungewöhnliche Hochzeiten spezialisiert und organisieren fantastische Outdoor- bis Actionhochzeiten. Ihnen ist kein Weg zu weit, kein Berg zu hoch und kein →

→ Traum zu groß. Besondere Hochzeiten lassen sich aber auch hervorragend selbst planen.

Ob Musik, Lifestyle oder Sport: Mit einer gemeinsamen Leidenschaft schenkt ihr eurer Hochzeit bereits ein wunderbares, individuelles Fundament. *Lass uns besser heiraten!* präsentiert dazu viele DIY-Ideen, die ihr einfach an eure eigene Feier anpassen könnt.

„Diese Paare inspirieren weit über ihre Feier hinaus – weil sie ganz sie selbst sind und ihre Hochzeit zu ihrem eigenen vollkommenen Tag gemacht haben."

Dabei soll nicht vergessen werden, dass die freie Wahl des Lebenspartners noch immer ein Glück ist, das nicht jedem Menschen beschert ist. UNICEF schätzt, dass etwa 700 Millionen Frauen und ja, auch Männer in einer Zwangsehe leben. In vielen Teilen der Welt bedeutet Ehe nicht gleich Liebe. Ein Grund mehr, die beiderseitig mit liebendem Herzen eingegangene Vermählung als wertvolles Gut zu schätzen. Die erfreuliche Nachricht ist, dass sich immer mehr Staaten für die gleichgeschlechtliche Ehe öffnen und Liebende sich an immer mehr Orten dieser Welt offen zueinander bekennen können.

Liebe kennt bekanntlich keine Grenzen, wie die vielen glücklichen Paare in *Lass uns besser heiraten!* beweisen. Aus den verschiedensten Ecken der Welt haben sich Liebende gefunden, die ihre ganz eigene Vision einer Traumhochzeit umgesetzt haben. Viele der im Buch vorgestellten Paare mixen Traditionen aus zwei verschiedenen Kontinenten und Kulturkreisen. Andere verwandeln ungewöhnliche Orte in traumhafte Partylocations, feiern ihre gemeinsame Geschichte oder überraschen ihre Gäste mit persönlichen Add-ons. Diese Paare inspirieren weit über ihre Feier hinaus – weil sie ganz sie selbst sind und ihre Hochzeit zu ihrem eigenen vollkommenen Tag gemacht haben.

„Ob Musik, Lifestyle oder Sport: Mit einer gemeinsamen Leidenschaft schenkt ihr eurer Hochzeit bereits ein wunderbares, individuelles Fundament."

Lass uns besser heiraten! soll euch als Leitfaden zu eurer persönlichen Version dieses Tages dienen. Küsst euch und schenkt Champagner nach: Auf euch zwei!

Marianne Julia Strauss ist Autorin und Mitherausgeberin von Lass uns besser heiraten! *Sie plant für ihre eigene Hochzeit eine Feier mit der Familie und den engsten Freunden im Yosemite National Park und weiß: Die schönste Hochzeit ist die, die glücklich macht!*

Vorherige Seite Ein glückliches Brautpaar gibt sich das Jawort in Los Angeles; Einladungskarten sollten auf eurer Checkliste ganz oben stehen.
Diese Seite Blumenarrangements und buntes Konfetti machen eure Feier zu einem Fest aller Sinne; dieses Paar feiert seinen großen Tag in Patagonien.

Macht diesen Tag zu eurem Tag!

Ein Leitfaden für alle großen und kleinen Entscheidungen bei eurer ganz individuellen Feier

Aufgeregt? Verständlich. Dabei macht die gemeinsame Planung einer Hochzeit wirklich Spaß – versprochen! Der folgende Wegweiser führt euch durch alle Aspekte eurer Feier, beantwortet die wichtigsten Fragen und zeigt Alternativen zum klassischen Fest auf. Der wichtigste Grundsatz lautet: Macht diesen Tag zu eurem Tag!

Oben Ob ihr in freier Natur oder dem eigenen Garten feiert: Champagner bringt eine ordentliche Portion Glam in jede Location.
Links oben Euer Gelübde gewinnt besonders an Tiefe und Charakter, wenn ihr es ganz für euch selbst verfasst.
Links mittig Sprecht mit eurem DJ auf jeden Fall euren Hochzeitssong ab und legt fest, auf welche Musikrichtungen ihr steht und was für euch No-Gos sind.
Links unten Gegen nasse Überraschungen von oben wappnet ihr euch mit einem klaren Plan B, der Regenschirme und eventuell eine Ausweichlocation beinhaltet.

Oben Außergewöhnliche Einfälle wie dieses schwimmende Café machen eure Hochzeit für euch und eure Gäste unvergesslich.
Rechts oben Eine Hochzeit nur zu zweit? Klar! So gehört jede Sekunde eures Tages nur euch beiden.
Rechts mittig Wenn ihr einen guten Fotografen engagiert, werdet ihr mit traumhaften Bildern wie diesem belohnt.
Rechts unten Auch der Brautstrauß gehört zum Outfit, also stimmt die Wahl der Blüten mit dem Brautkleid ab.

Wie, wo und wann?

Möchtet ihr nur zu zweit, im engsten Kreis oder mit all euren Freunden und der ganzen Familie heiraten? Im eigenen Garten, im Vergnügungspark oder auf eurer Lieblingsinsel? Im Rahmen einer religiösen oder einer freien Trauung? Blättert durch die verschiedenen Hochzeiten im Buch und lasst euch inspirieren. Welche Feiern, welche Umgebungen, welche Arrangements sprechen euch beide am meisten an? Was ist euch persönlich wichtig und warum? Redet über eure Wünsche, notiert gemeinsame Favoriten und sammelt Ideen.

„Moodboards helfen, euer Wunschambiente zu visualisieren. Stellt Fotos von Locations, Outfits und Arrangements zusammen, die euch gefallen, und denkt auch an Detailaufnahmen von Schmuck bis Papierservietten!"

Von All-inclusive bis Do-it-yourself

Es gibt zahlreiche fantastische Hochzeitsplaner, die ihr mit der Organisation eures großen Tages – komplett oder nur für bestimmte Tagesabschnitte – beauftragen könnt. Sie haben ein Netzwerk aus Caterern, Locations, Floristen und Dekorateuren und sorgen für den reibungslosen Ablauf eurer Hochzeit. Auch ein Zeremonienmeister eignet sich perfekt, wenn ihr ein größeres Fest plant und euch ganz entspannt aufs Feiern konzentrieren wollt. Ihr möchtet aber alles selbst organisieren? Dann erstellt einen Zeitplan, holt euch gegebenenfalls Unterstützung von Freunden und Familie und fangt bei den wichtigsten Entscheidungen an. Daraus entwickeln sich oft wie von selbst weitere Ideen und Lösungen.

„Unter dem Hashtag #weddingplanner findet ihr auf Instagram eine unglaubliche Auswahl an professionellen Hochzeitsplanern und inspirierende Bilder von der Tischdeko bis zu Fotoposen."

Oben Inspiration für stimmige und gleichzeitig außergewöhnliche Arrangements findet ihr zum Beispiel unter dem Suchbegriff „Hochzeitsblog".
Links oben Ihr beauftragt eine Hochzeitsplanerin? Wunderbar! Sie sorgt dafür, dass ihr euch am großen Tag ganz auf die Feiern konzentrieren könnt.
Links mittig Ob Wildblumen oder professionell zusammengestelltes Bouquet: Die Wahl der Blumen prägt euer Ambiente maßgeblich.
Links unten Heiratet lieber ungewöhnlich! Ausgefallene Leidenschaften sorgen für Abwechslung und unvergessliche Hochzeitsfotos.

Oben Elegant liebt elegant: Die Location sollte euren Style genauso widerspiegeln wie eure Outfits und die Dekoration.
Rechts oben Wenn Platz oder Budget nur ein Hochzeitsessen im kleinen Kreis erlauben, ladet die übrigen Wunschgäste zur anschließenden Party ein.
Rechts mittig Klassische Hochzeitslocations wie Landgüter, Höfe oder Villen findet ihr auch auf Airbnb.
Rechts unten Denkt für ungewöhnliche Locations weiter: Könnt ihr euch eine Feier in eurer Lieblingsgalerie oder dem botanischen Garten vorstellen?

Location

Zu den wichtigsten Entscheidungen gehört der Ort der Feier. Daran orientieren sich die Anzahl der möglichen Gäste, das Catering, das Entertainment und die Dekoration. Festsäle, Boote und andere beliebte Locations sind oft auf lange Zeit ausgebucht – plant hier mindestens ein Jahr im Voraus. Mit der verbindlichen Zusage steht auch euer Hochzeitsdatum fest. Ihr wollt in der Natur feiern? Auch hier habt ihr tausend Möglichkeiten. Denkt daran, dass ihr für viele öffentliche Orte, etwa Nationalparks, eine Genehmigung braucht – und überlegt euch unbedingt einen Plan B für schlechtes Wetter. Alles rund um die Wahl eurer Hochzeitslocation findet ihr auf S. 36.

„Ihr könnt euch nicht entscheiden?
Dann plant einen Locationwechsel ein!
Nach dem Sektempfang
auf dem Pier findet das Hochzeitsessen
dann zum Beispiel im Restaurant in
den Dünen statt."

Budget

Wenig romantisch, aber wichtig: die Kostenfrage. Angefangen bei der Minihochzeit zu zweit über das Fest mit der Familie und einer Handvoll Freunden im lokalen Restaurant bis zur großen Party mit mehreren hundert Gästen könnt ihr 1.000 € bis 100.000 € ausgeben. Ihr wollt zu zweit auf Bali heiraten? Dann fallen nur Kosten für Flug, Hotel, Trauredner, Fotograf und Restaurant an. Oder träumt ihr vom Fest mit den engsten Freunden und der Familie im eigenen Garten? Hier lässt sich mit selbst gemachten Salaten, dem besten Freund am Grill und guten Musikboxen auch mit vielen Gästen vergleichsweise günstig feiern. Bei der großen Feier mit allem Drum und Dran solltet ihr auch an einen Hochzeitsplaner, die Locationmiete und die Dekoration, das Catering für Empfang und Party, die Getränke und die Hochzeitstorte, das Entertainment, die Einladungen und Tischkarten, die Hochzeitslimousine, den Gästebus und den Fotografen denken.

Denkt daran, dass für jedes Paar neben den obligatorischen Ringen, Outfits und Accessoires auch Kosten für die offizielle Trauung anfallen. Es ist außerdem sinnvoll, eure Flitterwochen gleich in die Budgetplanung miteinzubeziehen. Mit einer Hochzeitsversicherung seid ihr für den Fall, dass die Feier aus unerwarteten Gründen nicht stattfinden kann, abgesichert.

Grundsätzlich solltet ihr etwa zehn Prozent des verfügbaren Budgets als Back-up für eventuelle zusätzliche Kosten zurücklegen. Übrigens: Der Brauch, dass die Eltern der Braut die Hochzeit bezahlen, gilt heute als überholt. Wenn Eltern und Familie dennoch finanzielle Unterstützung anbieten, umso schöner. Wichtig ist: Sprecht klar ab, wer was und welchen genauen Betrag bezahlt.

Oben Geld spielt keine Rolle? Herzlichen Glückwunsch! Die gute Nachricht für alle anderen ist, dass viele Looks auch als günstigere Alternative umsetzbar sind. *Links oben* Eine Hochzeit nur zu zweit – Stichwort „Elopement“ – ist romantisch und schont ganz nebenbei das Budget. *Links unten* Sattgrüne Natur oder farbenfrohe Graffiti sind Dekoration, die euch nichts kosten. *Links unten* Ihr wollt unbedingt diesen einen Traubogen von Pinterest? Dann gönnt euch euren Traum und investiert in ein unvergessliches Ambiente.

Oben Wenn ihr Kinder habt oder in die Zeremonie einbinden wollt, lasst sie bei der Wahl ihres Outfits mitentscheiden, sodass alle glücklich sind.
Rechts oben Mit ähnlichen Accessoires kreiert ihr eine besonders stimmige Aura, die euch als Paar umgibt und eint.
Rechts mittig Fashion für den Bräutigam traut sich aus der Deckung und ist heute so vielfältig wie nie.
Rechts unten Rock 'n' Roll will never die! An eurem Hochzeitstag gehört die Bühne euch – macht was daraus!

Fashion

Es ist nie zu früh, sich Gedanken über das passende Outfit zu machen. Salons, Designer und Maßschneider arbeiten oft mit Fristen von acht Monaten und mehr. Die schöne Nachricht ist: Hochzeitskleidung zeigt sich heute so vielfältig wie nie, beweist Individualität und feiert alle Körperformen. Orientiert euch für eure Outfits auf jeden Fall am Ort der Feier und sprecht euch stilistisch ab. Was ihr bei der Brautkleidanprobe drunter tragen solltet, welche Accessoires zum Anzug passen und welche Optionen ihr habt, wenn ihr schon in drei Wochen heiratet, lest ihr im Fashionteil auf S. 92.

„Zum Glück feiert moderne Hochzeitsfashion heute jeden Love- und Bodytype! Mit zeitlosen Fashionregeln, kombiniert mit eigenem Style und individuellen Accessoires, betont ihr, was ihr an euch am meisten liebt."

Be my guest

Wen wollt ihr bei eurer Hochzeit unbedingt dabeihaben? Und seid ehrlich: Wen nicht? Es geht an diesem Tag um euch. Tipp: Budget- und Platzmangel sind eine Entschuldigung, die jeder akzeptiert. Ladet entferntere Freunde, Bekannte und Verwandte einfach nach der Hochzeit zu einem schönen Cocktailabend bei euch zu Hause ein. Wer klassisch feiern will, überlegt sich, wen er gerne als Trauzeugen, Brautjungfern und Brautführer haben möchte, und fragt Familie und Freunde, welche Kinder gern Blumenmädchen und Schleppenträger spielen wollen. Wenn ihr groß feiern wollt, teilt der Hochzeitsplanerin oder eurem Caterer rechtzeitig die genaue Gästezahl mit, und plant ein paar zusätzliche Gäste ein – wer weiß, vielleicht verliebt sich bis dahin noch jemand? Stellt sicher, dass alle Gäste eine Übernachtungsmöglichkeit finden, und arrangiert gegebenenfalls den Transport zum Ort eurer Zeremonie und zurück. Ihr wollt klassisch einladen? Dann sendet ein Jahr bis spätestens sechs Monate vor dem Hochzeitsdatum eine Save-the-Date-Karte an eure Gäste. Sechs bis drei Monate vor dem großen Tag folgt die offizielle Hochzeitseinladung mit der Bitte um baldige Rückmeldung: RSVP!

„Macht euch auf ein paar spontane Zusatzgäste genauso gefasst wie auf ein paar Absagen. Wenn ihr euren Plan mehr als groben Leitfaden betrachtet, nimmt das viel Stress heraus."

Oben Mit der Einladung stellt ihr für eure Gäste die erste Weiche und zeigt visuell, wohin die Reise geht.
Links oben Stellt sicher, dass in eurer Einladung wirklich alle wichtigen Informationen stehen, und checkt alles lieber doppelt.
Links mittig Besonders hübsch ist es, wenn die gesamte Papeterie aus einem Guss gestaltet ist und auch die Menükarten zur Einladung passen.
Links unten Dabei muss es nicht immer die klassische Form sein. Verspielte Formen bleiben in Erinnerung und machen einfach Freude.

Oben Auch beim Standesamt wollt ihr gut aussehen. Stimmt eure Outfits ab und bezaubert Familie und Freunde mit eurem stimmigen Look.
Rechts oben Entweder lasst ihr ein paar Tage Pause zwischen der standesamtlichen Trauung und dem großen Fest …
Rechts mittig … oder ihr legt beide Termine auf einen Tag und fangt direkt nach der offiziellen Unterschrift an zu feiern.
Rechts unten Besonders persönlich wird eure Zeremonie mit einem selbst verfassten Gelübde, in dem ihr euch sagt, was ihr aneinander liebt.

Zeremonie

Im Erstgespräch mit eurem Trauredner, Priester oder Imam besprecht ihr eure Wünsche für die Trauung. Bei den meisten religiösen Zeremonien steht der ungefähre Ablauf fest, er kann aber im persönlichen Gespräch individualisiert werden. Ihr wollt neben eurem Gelübde eine persönliche Lesung oder eine Kunstperformance integrieren? Gerne! Mit der passenden Musik untermalt ihr das Ambiente ganz nach eurem Geschmack – ob im Garten, der Moschee oder der Bibliothek. Zauberhafte Dekoideen für die große oder kleine Zeremonie und das anschließende Fest findet ihr auf S. 212.

„Ihr habt Lampenfieber vor dem Jawort? Hat jeder! Vielleicht hilft es, wenn ihr daran denkt, dass schon Millionen glückliche Paare vor euch diesen Moment gemeistert haben."

Entertainment

Musik ist die Sprache der Leidenschaft. Das wusste schon Richard Wagner. Wer groß feiert, bucht am besten eine Band, einen DJ oder erstellt je eine eigene Playlist für die Zeremonie, das Essen und die ausgelassene Party danach. Gibt es im Freundeskreis jemanden mit Entertainerpotenzial? Engagiert sie oder ihn als Musikbeauftragten und bittet eloquente (!) Geschwister, Eltern und Freunde um Redebeiträge für euer Fest. Ihr steht beide auf Stand-up-Comedy oder Pyroshows? Dann sucht nach einem entsprechenden Künstler und nehmt ihn in euer Programm auf. Kindern wie Erwachsenen ist mit einer Kinderecke oder einem Kinderprogramm geholfen. Engagiert einen Babysitter oder bietet genügend Spielzeug an. Nicht zuletzt sorgt das richtige Entertainment auch für wunderbare Fotomotive. Fragt Hochzeitsfotografen an, die eurem Stil entsprechen, und besprecht im Voraus gemeinsam eure Wunschmotive.

„Wer groß feiert, bucht am besten eine Band, einen DJ oder erstellt je eine eigene Playlist für die Zeremonie, das Essen und die ausgelassene Party danach."

Oben Mit der Musik und dem Entertainment steht und fällt die Party. Bewährt hat sich ein guter Mix aus Vertrautem und Überraschung.
Links oben Ihr seid an diesem Tag auch die Unterhalter eurer Gäste. Baut also einen Spannungsbogen auf und verratet nicht alles!
Links mittig Livemusik ist immer ein Gute-Laune-Garant und verspricht mitreißendes Entertainment und einen vollen Dancefloor.
Links unten Eurem Vierbeiner fliegen sowieso immer die Herzen zu? Dann betraut ihn doch mit der ehrenvollen Aufgabe des Ringträgers.

Gartenfest mit Zelten, Bar und Hängematte

Nach ihrer charmanten Landhochzeit in Brandenburg tanzten Janine und Jonas unter sternenklarem Himmel und zelteten mit der ganzen Hochzeitsgesellschaft im Garten

Oben Eure Hochzeitstorte ist ein wichtiger Nebendarsteller eures Tages. Lasst euch von eurem Konditor ausführlich beraten und besteht auf einer Verkostung.
Links Details wie die zwei unterschiedlichen Stühle oder der kleine Baumstumpf machen den Unterschied. Blütenblätter machen das Boho-Flair perfekt.

Für Janine und Jonas kam nur eine entspannte Landhochzeit unter blauem Himmel infrage. Als sie den zauberhaften Schmetterlingsgarten bei Berlin fanden, war klar: Hier feiern wir! Auf 5.000 Quadratmetern arrangierte das Paar mit dem Team vor Ort eine traumhafte Boho-Landschaft, wo die Hochzeitsgesellschaft nach der Trauung einen herrlichen Nachmittag verbrachte. Bei strahlendem Sonnenschein banden die Gäste hübsche Blumenkränze, amüsierten sich beim Wikingerschach oder entspannten rund um die selbst gebaute Bar auf Kissen und Picknickdecken bei Antipasti und Crémant, bis in der Scheune das Hochzeitsessen aufgetischt wurde. Nach rührenden Reden und einer durchtanzten Nacht zelteten alle Gäste im Garten und wurden am nächsten Morgen von frischem Kaffeeduft geweckt.

Boho-Flair kreieren

Mit vielen bunten Sitzecken, Kissen, Blumen, Wimpeln und hübschen Bilderrahmen zaubert ihr das perfekte Ambiente. Ein Tipi oder eine selbst gebaute Bar sind herrliche Blickfänger und Orte zum Zusammenkommen.

Liebe macht
Schmetterlinge
im Bauch

Oben Gestapeltes Holz wirkt rustikal und duftet nebenbei hervorragend.
Unten Bartendertipp: Haltet immer mehr Eis bereit, als ihr denkt.
Links Mit einem liebevollen Spruch stimmt ihr eure Gäste auf euer Wunschambiente ein.

Oben Der Blumenanstecker besteht aus den gleichen Blüten wie der Brautstrauß.
Unten Kleine Kärtchen wie diese machen das Essen persönlich.
Rechts Ihr habt es nicht so mit Lärm? Bindet statt der Blechdosen einfach Luftballons ans Auto.

D
GM
CG 707

So findet ihr die richtige Location

Bei der Wahl eurer ganz persönlichen Traumlocation helfen euch diese Punkte

Ob Rooftop, Skipiste oder eigener Garten – die Auswahl denkbarer Orte für eure Hochzeit ist riesig. Dabei muss eure Location niemanden beeindrucken, sondern allein euch gefallen. Eure Gäste wollen in erster Linie, dass ihr glücklich seid.

Am besten gelingt das mit der richtigen Vorbereitung, einer individuellen Checkliste und wertvollen Tipps – zum Beispiel der französischen Hochzeitsplanerin Camille de Luca.

Oben Ihr müsst nicht um die halbe Welt fliegen, um eure Traumkulisse zu finden. Manchmal aber doch!
Links oben Stellt euch eure Location als Set für euren ganz eigenen Film vor. Welche Ideen gehen euch durch den Kopf?
Links mittig Pinterest und Instagram sind wunderbar, können aber auch unter Druck setzen. Macht euch frei von dem Perfektionsdruck.
Links unten Tipp: Auch internationale Blogs wie Green Wedding Shoes oder La Mariée Aux Pieds Nus stecken voller Inspiration.

Oben In Großstädten findet ihr mit etwas Geduld kleine Oasen wie diese. Sucht gezielt auch nach Dachterrassen.
Rechts oben Fast jeder Ort, mit dem ihr schöne Erinnerungen verbindet, hat das Potenzial zur Hochzeitslocation.
Rechts mittig Nicht jede Location hat eine SEO-optimierte Webpräsenz. Nutzt für die regionale Suche deshalb auch die Kartenansicht von GoogleMaps.
Rechts unten Es kann sich rechnen, mehr in die Location zu investieren: Denn besonders schöne Orte brauchen weniger Dekoration.

Für jedes Budget

Ihr wollt am liebsten Low Budget und gleichzeitig ganz besonders heiraten? Gaby und Timah (S. 188) haben sich einfach auf den Stufen vor einem schönen Haus getraut! Plant ihr hingegen eine große Feier samt Zeremonie, Empfang und Party, solltet ihr euch euren Wunschort rechtzeitig sichern. „Die schönsten Locations sind oft schon zwei Jahre im Voraus ausgebucht", weiß Camille, die auch die traumhafte Trauung von Vannak und Mathieu (S. 166) in einem Schlosshotel an der Mittelmeerküste arrangierte.

Wunderbare und budgetfreundliche Alternativen können das hübsche Restaurant ums Eck sein – vielleicht hattet ihr dort euer erstes Date? – oder ein buntes Café mit Gartenterrasse. In der Gastronomie wird gern mit einem vereinbarten Mindestverzehr statt einer teuren Mietgebühr gearbeitet. Gleichzeitig habt ihr so – genau wie im Hotel – eine voll ausgestattete Location, eine große Auswahl an Speisen und Getränken sowie auf Wunsch ein geschultes Serviceteam, was die Vorbereitung für die Feier erheblich erleichtert.

„Eine budgetfreundliche Alternative kann das hübsche Restaurant ums Eck sein – vielleicht hattet ihr dort euer erstes Date?"

Feiert lieber ungewöhnlich!

Auch der botanische Garten, die Fabrikhalle oder eine schöne Bibliothek werden unter der Mithilfe von Hochzeitsplanerin oder Freunden zur zauberhaften Hochzeitslocation. „Öffentliche Orte wie Parks sind in der Regel günstig anzumieten, müssen aber möglicherweise für andere Besucher geöffnet bleiben", erklärt Camille. Dafür haben manche solcher Locations auch einen eigenen Hochzeitsplaner, der euch bei den Vorbereitungen tatkräftig unterstützen kann.

Ihr wollt euer Jawort mit einer unvergesslichen Reise verbinden? Carolin und Bernd zeigen mit ihrer Strandhochzeit (S. 66), wie sich eine wundervolle Destination-Wedding mit überschaubarem Budget auch selbst umsetzen lässt. Tipp: Als günstige Unterkunft für eure Lieben eignen sich besonders gut Boutiquehotels oder Airbnbs. In jedem Fall freuen sich eure Gäste über praktische Tipps zur Anreise, Empfehlungen für Unterkünfte und Informationen zum Reiseland.

„Vom versteckten See über das liebevoll geschmückte Zirkuszelt bis zum Vergnügungspark: Besondere Orte haben hohes Gänsehautpotenzial!"

Oben Wenn ihr eure Gäste aktiv mit in die Zeremonie einbezieht, schafft ihr bleibende Erinnerungen für alle.
Links oben Dieser Tag gehört nur euch und eurer Liebe. Setzt ihm ein Denkmal, das euch auch in vielen Jahren noch das Herz wärmt.
Links mittig Wenn dieses Denkmal zufällig eine verwunschene Insel in der Karibik beinhaltet, habt ihr alles richtig gemacht.
Links unten Euch sind Traditionen wichtig? Viele religiöse Häuser sind heute offener denn je und gehen gern auf eure eigenen Ideen ein.

Oben Mehr ist manchmal tatsächlich mehr. Wenn es euer Budget erlaubt, lasst es krachen!
Rechts oben Besonders schön gelingt ein Ambiente, wenn ihr euren Stil konsequent durchzieht. Lametta? Lametta!
Rechts unten, links Hotels und Eventlocations geben eine Stilrichtung vor und bieten oft bewährte Hochzeitspakete inklusive Dekoration, Catering und Service.
Rechts unten, rechts Ihr habt ein Restaurant oder eine Bar ins Auge gefasst? Verbringt hier im Voraus einen Abend inkognito und beobachtet, ob euch Ambiente und Service gefallen.

Checkliste

Ihr habt bereits eine Location ins Auge gefasst? Großartig! Damit ist bereits viel geschafft. Doch ganz gleich, ob es das Hofrestaurant, die Kunstgalerie oder der Technoclub sein soll: Geht zuerst eure Checkliste durch!

Die wichtigsten Eckdaten eurer Wunschlocation fragt ihr am besten schon vor der Besichtigung per Mail oder Telefon ab. Eignen sich die Räumlichkeiten für euer Hochzeitskonzept? Ist hier genug – oder zuviel – Platz für eure Gäste? Wenn ihr ein Hochzeitsessen plant, besprecht mit der hauseigenen Gastronomie oder dem Caterer im Voraus die Kosten für Essen, Ausstattung und Service.

Wie gut ist die Location erreichbar? Gibt es (kostenfreie) Parkplätze vor Ort oder öffentliche Verkehrsmittel in der Nähe? Erkundigt euch, wie barrierefrei die Location ist, und stellt sicher, dass sie sich auch für eure älteren Gäste eignet. Wo befinden sich die nächsten charmanten Übernachtungsmöglichkeiten? Prüft, ob an eurem Hochzeitstermin genügend Zimmer frei sind – oft kann man ein Kontingent vorab reservieren –, oder organisiert ein Shuttle zu alternativen Unterkünften.

„Welche Ausstattung ist vor Ort vorhanden? Kann der DJ sein Equipment vor der Tür ausladen und darf der Florist dekorieren, wo er will? Versichert euch, ob ihr Kerzen mit offener Flamme aufstellen, Konfetti werfen oder die Musik laut aufdrehen dürft!", rät Camille. „Ist ein Ansprechpartner der Location die ganze Zeit vor Ort? Bis wann dürft ihr dort feiern und was kostet die Endreinigung? Entstehen durch die Anmietung weitere Fixkosten?"

Draußen ist besonders!

Beachtet bei einer Feier unter freiem Himmel zusätzlich, dass ihr für Beleuchtung, Musik und das Warmhalten von Speisen nicht nur die Ausstattung, sondern auch Strom und genügend Anschlüsse benötigt. Jegliche Technik sollte natürlich im Trockenen stehen. Ein Zelt schützt im Fall des Falles das Büfett und die Hochzeitstorte vor Regen. „Für eine Hochzeit unter freiem Himmel solltet ihr bei schlechtem Wetter eine feste Alternative parat haben. So könnt ihr am großen Tag spontan und stressfrei umdisponieren", empfiehlt Camille, die auch für große Open-Air-Hochzeiten mit dieser Lösung arbeitet.

Wenn ihr in der Natur feiern wollt, versichert euch im Voraus, dass ihr den Ort für eure Hochzeit nutzen dürft. Stellt neben Picknickdecken ein paar bequeme Stühle bereit, packt Mückenspray ein und achtet darauf, den kleinen Flecken Erde so zu hinterlassen, wie ihr ihn vorgefunden habt – oder macht es wie Emily und Calvin auf S. 194, die einen wunderbaren Kompromiss zwischen Indoor und Outdoor gefunden haben. Vertraut eurem Herzen, eurer Hochzeitsplanerin und vor allem eurer Checkliste. So wird, ganz gleich, wo ihr feiert, jede Hochzeitslocation zu einem Himmel voller Sterne.

„In das Survivalkit für eure Outdoorhochzeit gehören Mückenspray, ein verlässlicher Taxiservice und ein Plan B für den Schlechtwetterfall."

Oben Der Vorteil einer Gartenhochzeit ist, dass ihr bei Regen oder Wind unkompliziert in den Innenbereich umziehen könnt.
Rechts oben Eine Zeremonie in der freien Natur erfordert präzise Vorbereitung. Dafür werdet ihr mit unvergesslichen Momenten belohnt.
Rechts mittig Viele Hochzeitsplaner haben sich auf die Organisation von Elopements, also Urlaubshochzeiten nur zu zweit, spezialisiert.
Rechts unten Gebt dazu bei Google eure Wunschregion und die Suchbegriffe „wedding planner“ und „elopement“ ein.

Herbsthochzeit bei goldenem Kerzenschein

Das stimmungsvolle Achnagairn Castle inmitten der schottischen Highlands erfüllte alles, was sich Adriana und Neil für ihre elegant-rustikale Traumhochzeit wünschten

Oben Floristen sind wahre Magier und gestalten aus euren Lieblingsblüten umwerfende Brautsträuße wie diesen.
Links Traditionellerweise trägt der Bräutigam seine zum Brautstrauß passende Boutonnière – natürlich auf der Seite, auf der sein Herz schlägt!

Wer in Großbritannien die traditionelle „Bonfire Night" als Hochzeitstag wählt, gibt sich das Jawort selbstverständlich bei warmem Feuerschein. Adriana und Neil trauten sich vor ihren 80 Gästen im Ballsaal des schottischen Achnagairn Castle, der romantisch von unzähligen Kerzen erhellt war. Den Kamin schmückte ein herbstliches Blütengesteck in warmen Pastell- und Rottönen, das während der klassischen Zeremonie als Traukulisse diente. Aus den gleichen Blüten fertigte eine lokale Floristin auch den Blumenbogen am Saaleingang sowie Adrianas Brautstrauß, Neils Boutonnière und die Blumenkränze der Brautjungfern – inspiriert von dem Moodboard, das Adriana im Vorfeld mit Fotos, Ideen und Lieblingsfarben gefüllt hatte.

Hochzeitszeitung gestalten

Neben den Auscheck- und Frühstückszeiten der Gästeunterkünfte sind eure Kennenlerngeschichte, die Wettervorhersage oder ein Kreuzworträtsel mit Fragen zu euch schöne Inhalte. Die Erstellung wird traditionell von den Trauzeugen oder engen Freunden übernommen.

Oben Wunderkerzen sind immer ein Romantikgarant.
Unten Die Blüten des Brautstraußes tauchen immer wieder auf ...
Rechts ... und schmücken auch das herrliche Gesteck auf dem Kaminsims.

10

Trachtenhochzeit in Dirndl und Lederhos'n

Mit ihrer traditionellen Hochzeit in einem historischen Wiener Hofgebäude schenkten Maria und Alex ihren Gästen ein zauberhaftes rustikales Fest wie aus einer vergangenen Zeit

BURG

Oben Zu den schönsten und innigsten Momenten eurer Feier gehören – wenn ihr es möchtet – persönliche Reden und der Hochzeitstanz.
Links Mit einer Hochzeit in eurem Heimatort ehrt ihr eure Wurzeln und eure Familiengeschichte auf besonders schöne Weise.

Dresscode? Unbedingt! Für ihre rustikale Hochzeit hatten Maria und Alex ihre rund 70 Gäste gebeten, in traditioneller Tracht zu erscheinen – und damit für ein Bild wie aus einer anderen Zeit gesorgt. In Dirndl und Lederhos'n schmückte die stilsichere Gesellschaft zunächst den kleinen Rathaussaal von Perchtoldsdorf und zog nach dem Jawort gemeinsam zur Villa Aurora, wo sie ein naturnah dekorierter Garten erwartete. Im grünen Hof feierten Maria und Alex genau die österreichische Hochzeit, die sie sich gewünscht hatten. Auf den einfachen Tischen standen Wildblumen in hübschen Glasvasen. Das alte Hofgebäude mit seinen Steinmauern, Stroh auf dem Boden und warmem Kerzenlicht zum späten Dinner sorgte für ein perfektes historisches Ambiente.

Dresscode perfektioniert Dekoration

Wenn ihr eine Themenhochzeit feiert, bittet eure Gäste, ihre Outfits entsprechend zu wählen. Belohnt werden alle mit einem außergewöhnlich stimmigen Ambiente.

Oben Zeigt eure Liebe mit Herzen in allen Farben.
Unten Auf Eis bleiben die Getränke schön kühl und wirken gleichzeitig dekorativ.
Rechts Büfetts lockern das Ambiente und bringen eure Gäste miteinander ins Gespräch.

BAUERNHOF

Oben Ihr faltet die Servietten selbst? Übt vorher ein paarmal!
Unten Rustikales Flair dank einer Handvoll Heu – ganz einfach!
Links Ein guter Mix aus verschiedenen Tischhöhen sorgt für Lebendigkeit.

Boho-Hochzeit zu zweit in der Karibik

Weil sie ihre Flitterwochen direkt an die Trauung anschließen wollten, entschieden sich Laura und Josh für die paradiesische Insel St. Lucia mit ihren wilden Bergen und Stränden

Oben Kann man lässiger ins neue Leben zu zweit rollen als auf einem Skateboard zwischen karibischen Palmen?
Links Die Wanderung zum Ort der Trauung hat auch etwas Symbolisches: Ihr beschreitet einen gemeinsamen Weg.

Laura wollte in den Bergen heiraten, Josh am Meer. Ein weiterer wichtiger Wunsch des Paars war, am Ort der Trauung direkt die Flitterwochen verbringen zu können. Der kleine Inselstaat St. Lucia in der Karibik entpuppte sich als die perfekte Wahl: Mit wilden Berggipfeln, Regenwäldern und Wasserfällen, Fischerdörfern, Vulkanstränden und versteckten Tauchstellen ist die Insel ein kleines Paradies. An ihrem großen Tag wanderten Laura und Josh in Hochzeitskleid, geblümter Krawatte, Stiefeln und Sneakers hoch in die Berge, tauschten vor der spektakulären Kulisse der Pitons die Ringe, skateten anschließend durch den Dschungel hinunter zum Meer und starteten nahtlos in die Flitterwochen.

Ideen verbinden

Solltet ihr bei euren Planungen unterschiedliche Vorstellungen haben, sucht nach unkonventionellen Lösungen. Und wenn ihr Glück habt, ist euer Kompromiss vielleicht auch eine kleine Insel in der Karibik.

Oben Meeresrauschen wirkt immer als Emotionsverstärker.
Unten Hebt eure aufgeschriebenen Gelübde auf jeden Fall auf!
Rechts Sie werden immer wieder eure Erinnerung versüßen.

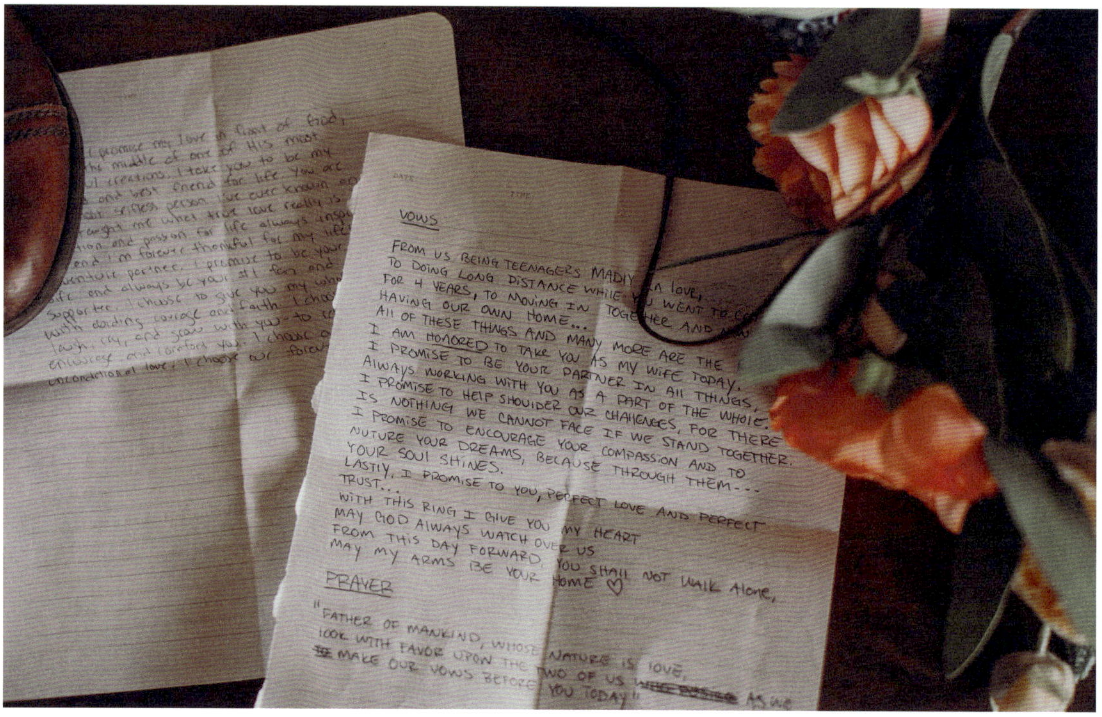

Kleine Strandhochzeit an der Algarve

Direkt am Meer feierten Carolin und Bernd bei Aljezur in Portugal ihre freie Zeremonie, umringt von Familie und Freunden und vor einem improvisierten Altar aus zwei sandigen Surfboards

Algarve Adventure

Oben Eine romantische Trauung ist ganz ohne Chichi und nur mit ein paar Handtüchern möglich.
Links Carolins und Bernds Hochzeit stand ganz im Zeichen ihrer Liebe zum Surfen: Sie feiern mit ihren Lieben an einem abgelegenem Strand in Portugal.

Carolin und Bernd wollten eine kleine Hochzeit mit allem, was sie lieben – Reisen, Familie, wilde Küsten, malerische Strände und fantastisches Essen. Portugal war der perfekte Ort dafür. Das Paar aus Deutschland lud die Familie und die engsten Freunde zum gemeinsamen Urlaub an der Westküste der Algarve ein, wo sie mit dem Strand von Monte Clérigo den idealen Platz für ihre Zeremonie fanden.

Ein paar umliegende Felsen sorgten für Privatsphäre und spendeten Schutz vor Wind und Sonne. Für die Zeremonie gestalteten die Gäste ein großes Herz aus selbst gepflückten Blumen und Steinen im Sand. Die zwei Surfbretter, die die Dekoration perfekt machten, liehen sich Carolin und Bernd von einem kleinen Strandrestaurant, in dem anschließend das entspannte Hochzeitsessen stattfand.

Frei in der Natur

Kleine Hochzeiten in der Natur braucht man meist nicht offiziell anzumelden. Macht es wie Carolin und Bernd: Verwendet nur natürliches Dekor und hinterlasst den Ort eurer Zeremonie so unberührt, wie ihr ihn vorgefunden habt.

Oben Kommt für den großen Auftritt ruhig etwas später und lasst euch feiern!
Unten Barfuß sind die ersten Schritte als Ehepaar besonders romantisch.
Rechts Den schönsten Soundtrack zur Trauung spielt das Meer!

Katja & Tom

Mitten auf dem See zur goldenen Stunde

Für die Zeremonie paddelte die ganze Hochzeitsgesellschaft zu einer schwimmenden Plattform auf dem Kala Ezers

BIBLIOTĒKA

Oben Damit der Brautstrauß keine Flecken auf eurem Traumkleid hinterlässt, sollten Blüten und Stiele komplett trocken sein.
Links Das Jawort in der Morgendämmerung trägt – als Beginn eines neuen Tages – eine ganz besonders schöne Symbolik.

Warum an einem See heiraten, wenn man auch auf einem See heiraten kann? Katja und Tom luden ihre Gäste zu einem gemeinsamen Wochenende in die lettische Natur ein, wo sie am Ufer des Kala Ezers ein paar charmante Holzhütten gemietet hatten. Die Location wurde mit tatkräftiger Hilfe von Freunden dekoriert. Unter dem Motto „Ferns and Waves" – Farne und Wellen – wollten Katja und Tom ihre Hochzeit wie ein kleines Festival im Wes-Anderson-Stil feiern. Ihr Konzept versahen sie mit jeder Menge fantastischer Details.

Die abenteuerliche Zugfahrt vom 100 Kilometer entfernten Riga, die Katja und Tom als eine Art Schnitzeljagd für Familie und Freunde gestalteten, bot bereits die ideale Einstimmung auf das Outdoor-Wochenende. Vom Zielbahnhof chauffierte dann ein kultiger Sowjetbus die Gäste zum See, wo alle in Ruhe ihre Hütten beziehen und sich früh schlafen legen konnten – am nächsten Tag klingelte der Wecker nämlich schon vor Sonnenaufgang! Im Dunkeln paddelte die ganze Hochzeitsgesellschaft mit Kajaks auf den Kala Ezers hinaus zu einer schwimmenden Zeremonienplattform. Das Brautpaar folgte nur wenig später im wundervoll geschmückten Hochzeitsboot.

Während im Hintergrund leise eine Band spielte, gaben sich Katja und Tom das Jawort. Im Morgenlicht ging es erst ans Ufer zum Sektfrühstück und dann zurück ins Bett, bis sich mittags alle wieder zum Weiterfeiern, Essen und Tanzen trafen – ausgeschlafen und noch ganz verzaubert von der morgendlichen Zeremonie.

Entspannt kennenlernen

Eure Freunde und Familie kennen sich noch nicht? Eine gemeinsame Anreise ist ideal, um alle schon auf das gemeinsame Fest einzustimmen. Alternativ eignet sich eine gemeinsame Unternehmung am Tag vor der Hochzeit.

Oben Schwimmwesten? Ja! Sicherheit geht vor.
Unten Musik ist die Stimme eurer Feier.
Rechts Bleibt ganz bei euch. Dann habt ihr am meisten von jedem Moment.

Oben links Ihr habt tausend charmante Möglichkeiten, auf den Sitzplan hinzuweisen.
Oben rechts Wiederholungen sorgen für einen harmonischen Gesamteindruck. Die Heidelbeeren finden sich als Kuchendeko und als Snack im kleinen Schälchen (*unten*) wieder.
Unten links Die Farne stehen in einheitlichen Übertöpfen.
Unten rechts Hier passen die Kerzen zu den Blumengestecken und zum Brautstrauß.
Links Euer Essen darf gerne ein paar spektakuläre Gimmicks wie Suppe über einem echten Feuer enthalten. Achtet dabei natürlich immer auf die Sicherheit!

Oben Eloquente Freunde bieten an, eine Rede zu halten? Perfekt!
Unten Achtet darauf, dass Snacks und Fingerfood nicht klebrig sind.
Rechts Eure Investition in einen Fotografen wird mit unbezahlbaren Bildern belohnt.

Jawort auf einem Segelboot vor Barcelona

Nach einer Fotosession in den schönsten Ecken der katalanischen Hauptstadt segelten Richard und Daniel aufs offene Meer hinaus, um sich in der goldenen Abendsonne zu trauen

Oben Die Trauung auf dem offenen Meer bedeutet nicht, dass ihr auf klassische Elemente wie eure Hochzeitstorte verzichten müsst.
Links Trefft euren Trauredner oder eure Traurednerin im Voraus online oder live und spürt, ob die Chemie zwischen euch stimmt.

Für ihre Hochzeit konnten sich Richard und Daniel keinen schöneren Ort vorstellen als Barcelona. Das Paar aus Florida buchte über eine lokale Hochzeitsplanerin ein Segelboot für die Zeremonie sowie ein spanisches Fotografenteam, dessen Stil beiden besonders gut gefiel. Am großen Tag liefen sie mit ihren Fotografen zuerst durch das Gotische Viertel und den Parc de la Ciutadella, wo sie Bilder vor traumhaften Kulissen schossen.

In der späten Nachmittagssonne ging es dann zum Hafen, wo bereits das gecharterte Segelboot und die Traurednerin warteten. Nach dem Jawort feierten Richard und Daniel mit Champagner und Torte und segelten gemeinsam in den Sonnenuntergang.

Zeit für Fotos

Achtet für gelungene Hochzeitsfotos auf die Tageszeit, um eure Lieblingsmotive im schönsten Licht zu bekommen. Morgens und abends sorgt die tief stehende Sonne für warme Farbtöne, und leichte Bewölkung wirkt wie ein Weichzeichner.

Traumhochzeit in „50 Shades of Green"

In einer ländlich-eleganten Zeremonie in Pretoria wurden Upile und Sakhe, umringt von ihren farblich abgestimmten Brautjungfern und Trauzeugen, von der Schwester der Braut getraut

Oben Auch für den Brautstraß gilt: Verschiedene Farbtöne in der gleichen Farbintensität ergeben so gut wie immer ein harmonisches Bild.
Links Besprecht ein paar Posen für die Hochzeitsfotos im Voraus, aber lasst euch auch auf spontane Ideen ein. Sie wirken meist am authentischsten.

Als große Pflanzenfans wünschten sich Upile und Sakhe für ihre Hochzeit in Pretoria eine üppige grüne Dekoration. Auch die Outfits der Brautjungfern und Trauzeugen sollten mit dem natürlichen Look der Feier harmonieren.

Da ihre Brautjungfern alle in verschiedenen Ländern leben, schlug Upile ein olivfarbenes Satinkleid eines Onlineanbieters vor, das sich jede Brautjungfer in ihrer Größe bestellte. Passend dazu stattete Sakhe seine Trauzeugen – zu denen auch eine weibliche Trauzeugin gehörte – mit Anzügen in sattem Waldgrün aus. Zwischen Eukalyptus, Pampasgras und Schleierkraut führte Upiles Schwester durch die Zeremonie und besiegelte Sakhes und Upiles Ehe, die wie ihre grüne Dekoration die schönsten Blüten treiben soll.

Einmal darüber schlafen

Ihr Traumkleid aus zartrosa Satin entwarf Upile gemeinsam mit einer Freundin. Ein erstes Kleid hatte sie spontan gekauft und schnell wieder verworfen. Ihr Tipp: Schlaft mindestens eine Nacht über diese Entscheidung.

Oben Mit personalisierten Cocktails hebt ihr den Glamourfaktor.
Unten Gastgeschenke sind süße Erinnerungen zum Mitnehmen.
Rechts Tipp: Gehe den Weg zum Altar oder Traubogen langsamer, als du instinktiv möchtest.

Was du bei deiner Hochzeit tragen kannst

Moderne Hochzeitsmode ist vielfältig und passt sich allen Love- und Bodytypes an

Gerade erst seid ihr euch nach der einen großen Frage in die Arme gefallen und schon stellt sich die zweite große Frage, auf die die Antwort längst nicht so einfach ist: Was ziehe ich an?

Die gute Nachricht: Hochzeitsfashion ist heute so vielfältig wie noch nie. Immer mehr Designer kennen die Zeichen der Zeit und schaffen Mode für alle Love- und Bodytypes. Lest hier, wie ihr beide das Outfit findet, das euch perfekt in Szene setzt.

Oben Traumhafte Oversizeschnitte sind ein wunderbarer Mix aus Eleganz, Zurückhaltung und Individualität.
Links oben Achtet bei der Wahl eurer Outfits auch auf Praktikabilität und haltet für den kühleren Abend einen passenden Pullover oder ein Cape bereit.
Links mittig Der klassische Anzug ist die perfekte Bühne für individuelle Accessoires wie Statementsocken oder die Krawatte in deiner Lieblingsfarbe.
Links unten Du bist Hutträger? Es gibt keinen Grund, dein Lieblingsaccessoire nicht auch an deinem Hochzeitstag zu tragen.

Oben Filme, wie hier der Klassiker *Thelma und Louise*, sind eine wunderbare Inspirationsquelle für eure Outfits.
Rechts oben Lasst euch für blumige Accessoires wie Blütenkränze ein paar Beispiele vom Floristen eures Vertrauens zeigen.
Rechts mittig Ihr habt eine bestimmte Ära, zum Beispiel die Siebzigerjahre, im Kopf? Dann zieht euren Stil komplett durch.
Rechts unten Mit gleichen Hochzeitsoutfits hebt ihr den Partnerlook auf ein völlig neues Level und zeigt gleichzeitig unübersehbar, dass ihr zusammengehört.

#inspiration

„An das richtige Outfit tastet ihr euch am besten erst einmal mit einem Moodboard heran", rät Franziska Burgert. Die Berliner Designerin entwirft seit 2015 individuelle Brautmode und weiß, welche Fragen frisch verlobte Paare umtreiben. „Auf Instagram und Pinterest findet ihr unter Stichworten wie #weddingdress, #groomstyle, #queerwedding oder #curvybride eine riesige Auswahl. Achtet darauf, vor allem Outfits zu pinnen, die zu Art und Ort eurer Hochzeit passen!" Wenn ihr viel laufen oder tanzen werdet, ist Bewegungsfreiheit wichtig. Abends wird es an den meisten Locations kühler. Denkt also auch an Cape, Schultertuch oder Hoodie.

„Neben dem eigenen Kleiderschrank sind Hochzeitsblogs, Instagram und Pinterest wunderbare Inspirationsquellen. Pinnt alle Brautkleider, Anzüge, Schuhe und Accessoires, die euch spontan gefallen, um rote Fäden zu erkennen."

Ihr Stil

Vielleicht schlägt dein Herz für Prinzessinnenkleider, den Mermaid-Look oder die Siebzigerjahre – oder doch etwas ganz anderes? Dann such nach #bridaljumpsuit, #coolbride oder stöbere durch aktuelle Trends! „Beliebt sind derzeit transparente oder knapp geschnittene Hochzeitskleider, die tiefe Einblicke geben", weiß Franziska. „Selbstbewusste Bräute müssen heute keine Kompromisse mehr machen, sondern dürfen tragen, worin sie sich gefallen." Manche Frauen entscheiden sich auch für einen Anzug oder ein Oversize-Kleid, denn Cool ist das neue Sexy! All-time-favourite ist nach wie vor die klassische A-Linie: Sie schmeichelt jeder Figur von XS bis XL. Wähle den Weißton, der deinen Teint am schönsten unterstreicht – oder entscheide dich für eine unkonventionelle Farbe.

„Selbstbewusste Bräute müssen heute keine Kompromisse mehr machen, sondern dürfen tragen, worin sie sich gefallen. Beliebt sind derzeit knapp geschnittene Hochzeitskleider, die tiefe Einblicke geben."

Oben Als Braut darfst du dir auf jeden Fall von deinen Brautjungfern bestimmte Farben für ihre Kleider wünschen.
Links oben Manche Schleier haben den zauberhaften Effekt einer Aura. Umso schöner, wenn diese in den buntesten Farben leuchtet.
Links mittig Ob Kleid oder Anzug: Dein Outfit sollte perfekt sitzen. Wende dich für ein Einzelstück oder Änderungen an die Maßschneiderin deines Vertrauens.
Links unten Die klassische A-Linie lässt sich in 1.000 Varianten und Stoffen tragen und sorgt für den atemberaubenden Wow-Effekt.

Oben Ton in Ton mit deinen Trauzeugen? Klasse Idee! Als Bräutigam hebst du dich durch ein zusätzliches Accessoire, wie hier ein Jackett, von den anderen ab.
Rechts oben Du weißt, was dir steht. Wenn dein Hochzeitsoutfit die feierliche Variante deines Alltagsstyles ist, kannst du dir sicher sein, dass du gut aussiehst.
Rechts mittig Diese persönliche Inschrift, auf die Ärmel gestickt, ist eine wunderbare Idee zur Personalisierung deines Outfits.
Rechts unten Vintage kann so stylisch sein. Gleichzeitig trägst du mit einem Vintageoutfit einen unverwechselbaren Look.

Sein Stil

Ob Dandy oder casual: Die Zahl der Möglichkeiten wächst auch für dich. Bist du mehr der Anzug- oder der Jeanstyp? Kommt für dich nur Anthrazit infrage oder möchtest du farbige Akzente setzen? Sprich dich in jedem Fall mit deiner Braut oder deinem Bräutigam ab, damit eure Outfits zueinanderpassen, und denkt bei euren Entscheidungen immer auch an den Gesamtstil eurer Hochzeit. Zum klassischen Fest passen Anzug und Fliege, zur Boho-Hochzeit derbe Boots, Hut und gemustertes Hemd. Willst du das Beste aus deinem Bodytype herausholen, halte dich an zeitlose Fashionregeln wie die schmale Krawatte als optisch streckendes Element oder das Einstecktuch als Blickfang für den Oberkörper. Inspiration für den stylischen Bräutigam findest du beispielsweise unter #tuxedo oder #gentbelike.

„Von Farben, Schnitten und Accessoires bis zu Schuhen und Vintagefunden: Bräutigame haben heute genauso viele Möglichkeiten, ihr Hochzeitsoutfit zu personalisieren, wie ihre Bräute."

Salons

Vereinbart die Anproben für eure Kleidung rechtzeitig – die meisten Salons arbeiten mit monatelangen Bestellfristen. Außerdem sind oft Änderungen nötig oder gewünscht. Plant genügend Zeit für das Kürzen der Hose und für zusätzliche Perlen, Spitzendetails oder andere Träger am Kleid ein! Ihr heiratet schon in drei Wochen oder wollt euer Budget lieber in die Flitterwochen investieren? Dann denkt über ein Vintageoutfit nach!

„Der Kauf deines Hochzeitskleids soll ein unvergesslich schönes Erlebnis sein. Schau dir mehrere Salons in Ruhe an, schlafe mehrere Nächte über die Entscheidung und kaufe nur da, wo du dich gesehen fühlst!"

Oben Hochzeitskleider sind die romantische Spielwiese der weltbesten Designer. Wenn du die finanziellen Möglichkeiten hast, erwartet dich ein echtes Paradies.
Links oben Erkläre im Salon, wie und wo ihr heiraten werdet. Gemeinsam findet ihr genau das Kleid, das zu dir und dem Stil eurer Hochzeit passt.
Links mittig Schleier, Schuhe, Strumpfbänder und weitere Accessoires führen viele Salons selbst im Sortiment.
Links unten Was liebst du an deinem Körper besonders? Du kannst gezielt die Blicke auf deine schönen Beine oder deinen tollen Hintern lenken.

Oben Wir wissen: Make-up ist immer Teil des Outfits. Wenn seine Boutonnière die Farbe deines Lidschattens aufgreift, umso besser.
Rechts oben Ja, Sneakers sind absolut hochzeitsfähig und das zeitgenössische Update für jeden Anzug.
Rechts unten Deine Füße tun schon weh vom vielen Tanzen? Tanze barfuß weiter oder wechsle in die extra mitgebrachten Ballerinas.
Rechts unten Genauso wie eure Eheringe kannst du auch dein Jackett individuell „gravieren“ lassen – dein Änderungsschneider macht das gern.

Ein Einzelstück wie du

Ihr wollt ein ganz eigenes, individuelles Outfit? Dann recherchiert Brautmodedesigner und Maßschneider in eurer Umgebung und vereinbart Beratungstermine. „Ich frage jede neue Braut immer: Was magst du besonders an deinem Körper? Und das stellen wir ins Zentrum des Kleides", erklärt Franziska. „Kurvige Bräute entscheiden sich zum Beispiel oft für das schöne Dekolleté, große Bräute für die langen Beine. Es gibt für wirklich jeden Bodytype ein Traumkleid, das zum Stil der Hochzeit passt." Normalerweise dauert das erste Beratungsgespräch etwa zwei Stunden und ist kostenpflichtig. Im Fall des Kaufs wird dieses Beratungsgeld meist mit dem Kleid verrechnet. Tipp: Trage zur Brautkleidanprobe am besten nudefarbene Unterwäsche – sie ist unter transparenten Entwürfen kaum zu sehen. Hohe Schuhe haben die Brautläden für die Anproben immer vor Ort. Auf Make-up solltest du lieber verzichten, weil es die Testkleider ruiniert.

Auch du als Bräutigam besprichst mit deinem Maßschneider zunächst, welche Art von Hochzeit ihr feiert und welchen Charakter du mit deinem Anzug vermitteln willst. Welchen deiner Vorzüge möchtest du betonen? Gemeinsam wählt ihr aus verschiedenen Schnitten, Passformen und Stoffen genau den Anzug aus, der dich optimal in Szene setzt.

„Für wirklich jeden Bodytype existiert das passende Traumkleid oder der perfekte Anzug."

Accessoires

Neben traditionellen Accessoires darf es heute gern unkonventionell sein. Hut zur Boho-Robe? Unbedingt! Brautaccessoires wie Haarschmuck, Armreifen oder Hennamuster orientieren sich stilistisch meist am Kleid und unterstreichen dessen Stil. Dagegen können personalisierte Manschettenknöpfe, ein bedrucktes Einstecktuch oder lederne Hosenträger einem schlichten Anzug einen ganz neuen Vibe verpassen. Unter Suchbegriffen wie #bridalaccessories oder #dandy findet ihr beispielsweise auf Instagram oder Etsy weitere Inspiration und könnt dort unkompliziert bestellen. Behaltet auch bei der Wahl der Accessoires den Ort eurer Feier im Blick. Ein langer Schleier sieht fantastisch aus – solange kein Wind von hinten kommt. Das schönste Accessoire von allen ist natürlich euer strahlendes Lächeln.

„Sie sind das Finetuning eines jeden Outfits: die Accessoires! Die schimmernde Krone lässt dein Kleid zum Beispiel völlig anders wirken als Wildblumen im Haar.“

Oben Wer bekommt sofort Lust auf einen Soultrain? Die knallroten Heels bringen einen ordentlichen Schuss Coolness in das feenhafte Outfit.
Links oben Mit einer gemusterten Krawatte wird das Outfit spannend. Lass dir den Mustermix auf jeden Fall vorher von stilsicheren Freunden absegnen.
Links mittig Mit einer sensationellen Krone wie dieser setzt du ein wunderbar weibliches Statement.
Links unten Bedenke bei der Wahl des Brautstraußes auch die Farben deiner anderen Accessoires, sodass alle Farben harmonieren.

70er-Jahre-Hochzeit mit ganz viel Soul

Wer wie Roxanne und Cameron für den Dancefloor geboren ist, kann für seine Party in New York schon mal den Lieblings-DJ samt Motown-Plattenkoffer aus Paris einfliegen lassen

BWAY
TRAN

Oben Das Thema „70er Jahre" von Kopf bis Fuß: Die Braut trug samtige Plateau-High-Heels.
Links Roxanne and Cameron ließen sich in einer intimen Zeremonie im Rathaus von Manhattan trauen.

Roxanne und Cameron wissen: Wer R sagt, muss auch B sagen! Nach ihrer standesamtlichen Trauung im Rathaus von Manhattan und der Rooftop-Zeremonie über den Bathhouse Studios lud das Paar zur großen Party mit Soul, Funk und R 'n' B. Als Inspiration hatte Roxanne ihr Pinterest-Board nicht etwa mit Hochzeitsbildern, sondern mit allem gefüllt, was ihrem und Camerons Stil entspricht. So verströmte die ganze Feier von der Musik über die Outfits bis zur Dekoration den warmen, coolen Vibe des New York der 70er-Jahre. Als Highlight hatten Roxanne und Cameron eigens ihren Lieblings-DJ Reverend P aus Paris einfliegen lassen, der die Hochzeitsparty mit feinsten Motown-Hits unterlegte – und ganz bestimmt auch mit Marvin Gayes *How sweet it is to be loved by you!*

Gemeinsame Leidenschaft als Motto

Sammelt für eure Hochzeit in eurem Moodboard einfach alles, was euch inspiriert. Bei Roxanne und Cameron kam da von der bedruckten Einkaufstüte bis zum Bild eines alten Flughafenterminals einiges zusammen.

Oben links Die Hochzeitstorte war ein Genuss für alle Gäste.
Oben rechts Ein Schleier mal anders: Roxannes Haar schmückte eine Krone aus Schleierkraut.
Unten und rechts Das Paar ließ sich für ihre Trauung vielseitig inspirieren – von der US-amerikanischen Sängerin Solange, dem TWA-Terminal am John F. Kennedy International Airport in New York, über Motown Parties in Paris und mehr.

Eine Hochzeit voller handgemachter Akzente

Gina und Alex aus Los Angeles lieben Regenbögen, Farben und Kunst – bei ihrer Hochzeit kam alles in einer Explosion aus leuchtenden Farben und DIY-Vergnügen zusammen

Oben Der Brautstrauß mit seinen großen rosa Blüten und den verschnörkelten Stielen passt perfekt in die farbenfrohe Hochzeitskulisse.
Links Die Location wurde aufgrund seiner Nachhaltigkeitsaspekte sowie dem wundervollen Indoor Garten ausgewählt.

Von den gebatikten Servietten über den Fotohintergrund mit Regenbogen bis hin zum Haar der Braut – jedes Detail bei Gina's und Alex' Hochzeit war von Farbe und Lebendigkeit durchdrungen. Das Paar hat im Smog Shoppe in Culver City, Kalifornien, den Bund fürs Leben geschlossen, einer solarbetriebenen Location mit Indoor Garten. Gina betreibt eine Modelinie für nachhaltige Strickwaren und Alex ist als freiberuflicher Künstler tätig. Somit war auch ihre Hochzeit voller handgemachter Akzente, die die Liebe zu Farben für die Gäste allgegenwärtig machte. Nicht weniger erfreulich waren die Backwaren zum Empfang, die von Ginas Vater hergestellt wurden, der eine lokale Bäckerei besitzt.

Liebevolle Details

Jede Serviette wurde vom Paar gebatikt und die Reste wurden verwendet, um einen auffälligen Fotohintergrund zu schaffen. Wenn ihr euch für DIY entscheidet, hebt alle Reste auf, um andere schöne Dinge zu gestalten.

Oben links Der handgefertigte Quilt mit Regenbogenfarben bietet einen perfekten Hintergrund für die Erinnerungsfotos.
Oben rechts Als Gastgeschenke gab es für Familie und Freunde ein liebevoll gestaltetes Paar Socken mit den Worten „mit allem und viel davon"; so bestellt der Bräutigam seine Sandwiches.

BRIDE

Mix-and-Match aus Herkunft und Tradition

Mit der Verbindung von koreanischen und australischen Bräuchen gestalteten Solbee und Glenn in Mokpo, Südkorea, ein wunderbares Fest, das neben ihrer gemeinsamen Liebe auch ihre jeweiligen Wurzeln feierte

Oben Auch ihr lebt als Paar mit zwei Kulturen? Dann nutzt diese wunderbare Chance und feiert all eure Facetten mit eurer Hochzeit!
Links Dabei seid ihr beide für eure Gäste auch Botschafter eures jeweiligen Geburtslandes. Zeigt also, was euer Land so besonders macht.

Solbee und Glenn wollten mit ihrer Hochzeit unbedingt auch ihre jeweils unterschiedliche Herkunft feiern. Das Paar, das in Australien lebt, entschied sich für ein traditionelles Fest in Südkorea und spickte die Zeremonie gelungen mit westlichen Details. Nach altem Brauch übergab Glenn seiner Schwiegermutter die symbolische Holzente Jeon-an-rye, während Solbees Schwiegervater seine Rede in lupenreinem Koreanisch vorbereitet hatte. Nach der Trauung im traditionellen Hanbok wechselten Solbee und Glenn in westliche Outfits. Zu ihrem selbst entworfenen Brautkleid kombinierte Solbee als „etwas Geliehenes" die Ohrringe ihrer australischen Schwiegermutter – passend zum blauen Himmel, den alten Traditionen und dem neuen, sprichwörtlich grenzenlosen Glück.

Kulturen miteinander verbinden

Solbee und Glenn zeigen, wie ihr eure unterschiedliche Herkunft in einem gelungenen Fest zusammenbringt. Überlegt, welche Rituale euch wichtig sind, und gestaltet eine Hochzeit, die euch beide gleichermaßen repräsentiert.

Oben Respekt für Tradition bedeutet auch Respekt für die eigenen Familiengeschichte.
Unten Mit einer Zeremonie, die diese Traditionen ehrt, macht ihr nicht nur euch eine Freude …
Rechts … sondern auch eurer ganzen Familie.

Ein dänischer Leuchtturm als Trauzeuge

Stadt, Land, Kunst! Nach der eleganten Zeremonie an der Küste vor Kopenhagen verbrachten Sibylle und Ryan den Nachmittag mit ihren Gästen im Louisiana Modern Art Museum

33
37

Oben Besonders romantisch ist der Moment, in dem ihr euch zum ersten Mal im Hochzeitskleid und Hochzeitsanzug seht.
Links Die Kulisse eurer Hochzeit, ob natürlich, elegant oder modern, bestimmt das Ambiente eurer Feier maßgeblich.

Wieso sich zwischen unberührter Natur, Kunst und urbanem Chic entscheiden, wenn man alles haben kann? Sibylle und Ryan luden ihre engsten Freunde und die Familienmitglieder zuerst an die dänische Ostseeküste ein, wo sie sich in einer eleganten Zeremonie unter einem Leuchtturm das Jawort gaben. Anschließend kutschierte ein eigens gecharterter Bus die ganze Hochzeitsgesellschaft zum Louisiana Museum of Modern Art mit seinem traumhaften Skulpturenpark.

Ganz erfüllt von Meisterwerken der amerikanischen Pop-Art bis hin zum Nouveau Réalisme, machten sich Sibylle, Ryan und ihre Gäste dann auf zur letzten Station des Tages im Kopenhagener Stadtzentrum. Hier erwartete sie in einer stilvollen Location das Hochzeitsessen – und eine unvergessliche Party, die bis tief in die Nacht dauerte.

Ortswechsel einbauen

Sibylle und Ryan zeigen, wie ihr eurer Hochzeit mit verschiedenen Highlights einen schönen Spannungsbogen verleiht. Wählt Locations mit hohem Entertainmentfaktor und bezieht eure persönlichen Interessen in das Programm mit ein.

Oben Begeistert eure Gäste mit Highlights wie dem Leuchtturmbesuch.
Unten Arrangements aus weißen Blüten wirken elegant und zurückhaltend.
Rechts Dieses effektvolle Brautkleid harmoniert damit perfekt.

Oben Fingerfood findet auf jeder Hochzeit dankbare Abnehmer.
Unten Stimmt das Blumendekor und den Brautstrauß aufeinander ab.
Links Auch die Hochzeitstafel nimmt das natürliche Farbkonzept gelungen auf.

Laurence & Ayoub

Hip-Hop, Sterne und Kamele

Zwei Nächte unter dem Sternenhimmel
von Marrakesch verbinden Hochzeitstraditionen
mit eigenen Ideen

WATERMELON
BAR

Oben Bitte deine Trauzeugin, ein kleines Survivalkit mit Taschentüchern, Lipgloss, Sicherheitsnadeln und mehr für den Ernstfall mitzubringen.
Links Besondere Barwagen wie dieser sorgen nicht nur für Erfrischung, sondern sind gleichzeitig unglaublich dekorativ.

Laurence war gerade mit ihrem Designstudio LRNCE von Belgien nach Marokko gezogen, als Ayoub von Paris aus auf Heimaturlaub nach Marrakesch flog und sie sich kennenlernten. Es lag also auf der Hand, dass ihre Hochzeit drei Jahre später vor Stil, Kultur und Kreativität nur so überfließen würde.

Für die traditionelle marokkanische Zeremonie am ersten Abend wählte das Paar den traumhaften Garten von Ayoubs Eltern. Laurence hatte eine selbst bemalte Kutsche zur Wassermelonenbar umfunktioniert. Auch die hellblaue Bank für die Zeremonie war ein eigener Entwurf. Hier tauschten Laurence und Ayoub gemeinsam mit ihren Müttern ein Glas Milch und eine Dattel als Symbol, dass sich die Familien willkommen heißen. Zur anschließenden Präsentation des Brautpaars ritt Ayoub auf einem weißen Kamel vor. Laurence zog hingegen in einer *amariya* ein – einer von vier Männern getragenen und opulent verzierten Sänfte –, zu Hip-Hop-Beats der britisch-srilankischen Musikerin M. I. A. Irgendwann löste der DJ die Liveband ab, und das Paar tanzte mit seinen Gästen noch bis früh in den Morgen.

Die säkulare Zeremonie fand am zweiten Abend im kleinen privaten Rahmen statt. Auf der Dachterrasse des stylischen Hotel Tigmi wurden Laurence und Ayoub bei Sonnenuntergang von einem ihrer besten Freunde getraut. Die Gäste reichten die Ringe in einer kleinen Keramikschale reihum und jeder sprach dabei einen glücklichen Wunsch für das Paar aus. Dann feierte die ganze Hochzeitsgesellschaft unter den Sternen, die strahlten wie die französische Gravur in Laurence' Ehering: Sonne meines Herzens.

Der eigene Weg

Persönliche Details geben einer Hochzeit den magischen Feinschliff. Lasst eure Ringe mit guten Wünschen versehen, spielt eure Lieblingsmusik und traut euch, Traditionen zu personalisieren.

Oben links Ihr seid selbst oder kennt professionelle Künstler? *Oben rechts* Dann nutzt die Chance und stattet eure Feier mit eigenen Accessoires wie dieser personalisierten Decke und dieser filigranen Vase aus. *Unten links* Nehmt euch auf jeden Fall genügend Zeit für eine private Fotosession. *Unten rechts* Bunte Wegweiser sind praktisch und hübsch zugleich. *Rechts* Lichterketten und geflochtene Lampions strukturieren die Location subtil, indem sie ihr einen Rahmen nach oben geben. Der Dancefloor ist perfekt zentral platziert.

L+A

Oben Ein fest geplanter Ablauf gibt euch Sicherheit und lässt euch die Feier – und den Konfettiregen – freier genießen.
Links Wiederholungen schaffen Harmonie. Hier wiederholen sich die Formen und Farben, die auch die Hochzeitstafel schmücken.

Oben Natürliches Dekor wie die Zweige in den Kerzenständern und die hübsche Tellerdekoration sind so einfach wie effektvoll.
Rechts Bääām, denn es ist dein Tag! Gegen zu viel Tradition kannst du wie Laurence deinen Auftritt zum Beispiel mit Hip-Hop unterlegen.

Freie Zeremonie im Wald der Highlands

Jodi und Zach verbrachten mit ihren engsten Freunden und der Familie eine märchenhafte Woche im schottischen Cairngorms National Park – samt Jawort mitten im Wald

Oben Echte Emotionen machen eure Zeremonie auch für eure Gäste zu einem Erlebnis, das euch alle für immer verbindet.
Links Nehmt euch während der Feier immer mal wieder einen Moment nur für euch zwei und macht euch bewusst, was gerade passiert.

Als Fotografenpaar The Camerados reisen Zach und Jodi an die schönsten Orte der Welt. Der verwunschene Cairngorms National Park inmitten der schottischen Highlands hatte es ihnen schon immer besonders angetan. Für ihre Hochzeit luden sie ihre engsten Freunde und die Familie ein, bei gutem Essen und Spaziergängen in der Natur hier eine ganze Woche gemeinsam zu verbringen – und zu feiern. Der große Tag begann als lauer Frühlingsmorgen. Nach einem gemeinsamen Frühstück an der mit frischen Wildblumen geschmückten Tafel zog die kleine Hochzeitsgesellschaft in den Wald. Nur von leisem Blätterrauschen begleitet, begann die Zeremonie. Zach und Jodi fanden ergreifende Worte füreinander – und gaben ein spontanes Ukulelekonzert für ihre Gäste.

In der Ferne feiern

Wenn ihr plant, im Ausland zu heiraten, unterstützt eure Gäste bei der Reiseplanung. Schickt E-Mails mit Packlisten, recherchiert Flüge und Unterkünfte und plant genügend Zeit zum Ankommen und Akklimatisieren ein.

Oben Ihr habt ein gemeinsames Talent? Baut eine kleine Darbietung ein.
Unten Die freie Natur schenkt eurem Fest eine besonders innige Note.
Rechts Selbst geschmückt ist mindestens so schön wie vom Profi.

So feiert ihr eine nachhaltige Hochzeit

Habt ihr schon über eine faire und ökologisch korrekte Hochzeit nachgedacht?

Wir wissen: Nachhaltigkeit ist sexy. Und die eigene Hochzeit grün zu gestalten ist einfacher, als ihr glaubt. Karmapunkte gibt es umsonst obendrauf. Dabei kommt es nicht auf jedes Detail an, denn schon mit ein paar Ideen kann sich der ökologische Fußabdruck eurer Feier immens verringern – und ihr startet fair und nachhaltig in euer Leben zu zweit.

Oben Ihr wünscht euch ein nachhaltiges Blumendekor für euer Fest? Fragt euren Floristen explizit nach Blüten aus fairem Anbau.
Links oben Selbst geschnittene Zweige aus dem eigenen Garten hinterlassen wirklich keinen ökologischen Fußabdruck.
Links mittig Wusstet ihr, dass Kerzen meist aus Paraffin, also einem Nebenprodukt der Erdölindustrie, bestehen?
Auch vermeintliche Biokerzen aus Palmöl, sprich Stearin, sind bedenklich.
Links unten Setzt stattdessen lieber auf die ebenso günstigen Kerzen aus Biomasse, Bienenwachs, Sojawachs oder Raps.

Oben Gemeinsam mit dem Konditor eures Vertrauens könnt ihr genau besprechen, was ihr euch für eure Biotorte vorstellt.
Rechts oben Eigenes Geschirr, Fingerfood aus der Region und Trinkhalme aus Papier oder Glas sind leicht umsetzbare Ideen für mehr Nachhaltigkeit.
Rechts mittig Gebt eure Aufträge, wenn möglich, an unabhängige Floristen, Druckereien und Grafiker in eurer Umgebung – so zeigt ihr ein Herz für die lokalen Unternehmen.
Rechts unten Selbst gemachte Dekoration kann dank wegfallender Transportwege ebenfalls die umweltfreundlichere Alternative sein.

Support your locals!

Wusstet ihr, dass eine durchschnittliche Hochzeit rund 300 kg Abfall und 60 Tonnen CO_2 verursacht und knapp 2000 km Transportweg für Lebensmittel braucht? „Wer sich für eine biozertifizierte Hochzeitslocation mit kurzem Anfahrtsweg entscheidet, macht bereits den wichtigsten Schritt", erklärt Jacqueline Deininger, die mit ihrer Agentur Ja von Herzen bereits unzählige nachhaltige Hochzeiten geplant hat. „Eure lokale Hochzeit mit 100 Gästen ist in jedem Fall nachhaltiger als die Feier mit zehn Gästen, die dafür rund um die Welt fliegen." Achtet auch beim Catering auf Regionalität und stellt selbst oder mit eurer Planerin ein saisonales Hochzeitsmenü zusammen. Vegetarische und vegane Gerichte sind zwar meist die umwelt-, aber nicht unbedingt die gastfreundlichste Variante. Wer zusätzlich Fleisch vom Biobauern bezieht, macht alles richtig. Was vom Hochzeitsessen übrig bleibt, könnt ihr nach vorheriger Absprache an eine städtische Tafel spenden. In der Nähe befinden sich Weingüter oder Mikrobrauereien? Wunderbar, ordert dort eure Getränke. Fragt zudem euren Konditor nach einer – vielleicht sogar veganen – Hochzeitstorte aus regionalen Biozutaten.

„Sucht gezielt nach biozertifizierten Locations in der Umgebung und beauftragt für Catering und Dekoration bevorzugt lokale Unternehmen."

Eco-Deko

Was haben ein botanischer Garten, eine Waldlichtung und ein Strand gemeinsam? Richtig: Sie geben auch mit wenig Aufwand eine zauberhafte Hochzeitslocation ab. Ihr heiratet im Festsaal oder auf dem Rooftop? Dann setzt eure Feier mit natürlicher Deko in Szene. „Das bedeutet übrigens nicht, dass die Hochzeit ‚vintage' oder ‚ländlich' aussehen muss", sagt Jacqueline. „Naturmaterialien können in der richtigen Verbindung selbstverständlich auch modern präsentiert werden." Auf Flohmärkten und in den Kleinanzeigen findet ihr hübsche Einzelstücke und spart gleichzeitig ein bisschen Geld. Dazu findet ihr online jede Menge zauberhafte Inspiration für gelungene Do-it-yourself-Arrangements. Wenn ihr die Tische mit lokalen Topfpflanzen, hübschen Sukkulenten oder pflegeleichten Tillandsien schmückt, die zugleich als Gastgeschenke dienen, spart ihr aufwendige Blumengestecke und habt gleichzeitig weniger Müll. Tipp: Nutzt die Blumentöpfe einfach als Namensschilder!

Verzichtet Seevögeln und Schildkröten zuliebe auf Luftballons, die viel zu oft mitsamt den gut gemeinten Wünschen im Meer landen. Schöne Alternativen zu Seifenblasen sind getrocknete Blüten oder ökologisch abbaubares Konfetti, das nicht nur traumhaft aussieht, sondern auch zu 100 Prozent umweltfreundlich ist und sich rückstandsfrei auflöst.

„Schöne Dekoration kann zu 100 Prozent umweltfreundlich sein. Mit ökologisch abbaubarem Konfetti, Vintagedeko und Topf- statt Schnittblumen macht ihr eure Hochzeit einfach grüner."

Oben Pflückt in den Wochen vor der Hochzeit bei Spaziergängen immer wieder ein paar dekorative Wildblumen, die ihr kopfüber trocknet und mit denen ihr am großen Tag eure Location schmückt.
Links oben Aus dem gemeinsamen Dekobasteln könnt ihr ein kleines Event bei euch zu Hause mit Freunden, Kuchen und Cocktails machen.
Links mittig Auch Vintagefunde vom Dachboden der Großeltern oder vom Flohmarkt können absolut dekorativ sein.
Links unten Achtet bei selbst gebastelter Deko auf ökozertifizierte Materialien oder arbeitet mit recyceltem Zubehör.

Oben Regen? Ist gut für die Natur, genauso wie eure Outfits. Ihr habt tausend Möglichkeiten von Kleidern aus veganer Seide bis hin zum stylischen Vintageanzug.
Rechts oben Anstelle eines Schleiers mit hohem Polyesteranteil kannst du einen Blumenkranz aus regional angebauten Blüten tragen.
Rechts unten Vintageoutfits sind besonders nachhaltig. Beim Änderungsschneider könnt ihr eurem Kleid oder Anzug den letzten Feinschliff geben.
Rechts unten Auch der Brautstrauß und die Boutonnière können aus Blumen aus nachhaltigem Anbau zusammengestellt werden.

Fair von Kopf bis Fuß

Auch mit der Wahl von Brautkleid und Anzug könnt ihr ein Statement für Nachhaltigkeit setzen. Ein Vintagestück etwa wird mit ein paar Änderungen zu eurem ganz eigenen Festoutfit. „Wenn es doch ein neues Kleid sein soll, unterstützt nach Möglichkeit einen lokalen Designer und lasst es zum Beispiel aus veganer Seide fertigen, die nicht aus den traditionellen Raupenkokons, sondern aus Pima-Baumwolle, Agavenfasern oder Bambus hergestellt wird", rät Jacqueline. Wenn ihr euch gleich für ein zweiteiliges Design entscheidet oder das Kleid nach der Hochzeit färben lasst, könnt ihr es auch nach dem großen Tag noch tragen. Eine pragmatische Variante für Kleid und Anzug ist das Hochzeitsoutfit aus dem Verleih. Wählt dazu fair gehandelte Accessoires und denkt über lederfreie Schuhe nach!

Lasst eure Eheringe aus fair gehandeltem oder recyceltem Gold schmieden. Ihr könnt auch alte Schmuck- oder Familienerbstücke, die ihr nie tragt, einschmelzen und eure Ringe daraus fertigen lassen – das ist nicht nur nachhaltig, sondern besitzt dazu eine ganz besondere Symbolik. Ihr wollt unbedingt einen Ring mit Diamanten? Dann entscheidet euch für konfliktfrei zertifizierte Steine von Partnern des internationalen Kimberley-Abkommens.

„Lasst eure Eheringe aus fair gehandeltem oder recyceltem Gold schmieden und achtet bei Diamanten auf das Zertifikat für eine konfliktfreie Herkunft."

Papeterie

Die Einladung ist eine perfekte Möglichkeit, eure Gäste auf die grüne Hochzeit einzustimmen. Wählt ein stylisches, umweltfreundliches Papier ohne Folien- oder Lackelemente und kündigt an, dass ihr bei eurer Hochzeit besonderen Wert auf Nachhaltigkeit legen wollt. Wenn ihr eine Hochzeitswebseite erstellen wollt, hostet sie bei einem umweltfreundlichen Provider. Die Menü- und Tischkarten lasst ihr wie die Einladung auf Papier aus nachhaltiger Forstwirtschaft drucken.

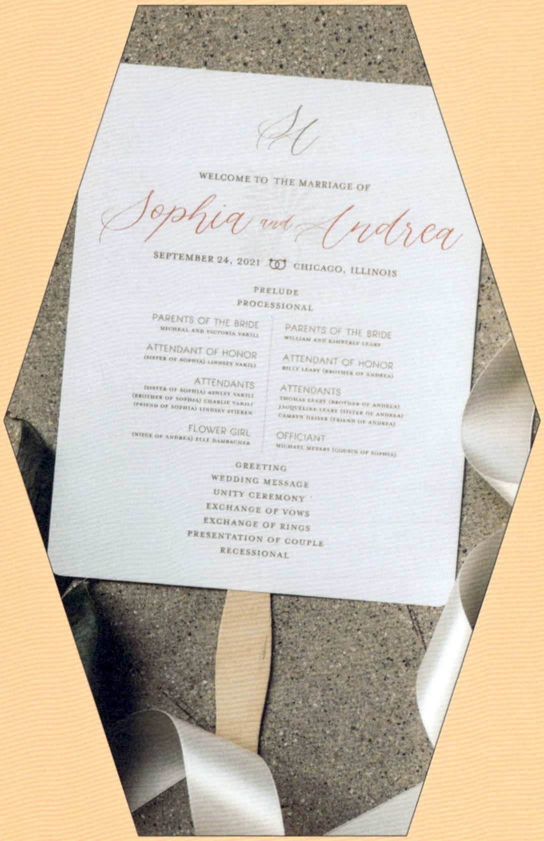

„Die Auswahl an wirklich schönem Umweltpapier und folienfreien Designs für Einladungen, Menü- und Tischkarten ist heute riesig groß."

Oben Nachhaltigkeit kann so stylisch sein! Diese filigran gestanzte Einladung öffnet sich wie eine zarte Blüte.
Links oben Wusstet ihr, dass man heute auch klimaneutral drucken kann? Mehr Informationen findet ihr im Internet unter dem Stichwort „Green Printing".
Links mittig Neben dem Text kann auch eure Motivwahl auf der Einladung eure Gäste wunderbar auf die grüne Hochzeit einstimmen.
Links unten Auch für die Papeterie gilt: Selbst gemacht kann die umweltfreundlichste Variante sein, wenn ihr mit nachhaltigen Materialien arbeitet.

Mit Ring und Rucksack nach Patagonien

Frühmorgens machten sich Adri und Eric auf in die Berge, um sich bei Sonnenaufgang vor der sensationellen Kulisse der Laguna de los Tres das Jawort zu geben

HUESPEDES
GUESTS
150 mts
BUS STOP
SOLO ESTACIONAMIENTO DIURNO
DAYTIME PARKING ONLY

Oben Ein traumhaftes Bergpanorama wie dieses verlangt nach einem ebenso traumhaften Brautkleid von Rue de Seine – und nach robusten Wanderschuhen.
Links Wenn die ersten Meter eures gemeinsamen Lebensweges so aussehen, habt ihr mit Sicherheit alles richtig gemacht.

Als Adri und Eric kurz nach ihrer Verlobung ein paar Fotos von Patagonien in die Hände fielen, stand für das Paar fest: Genau da wollen wir heiraten! Am Hochzeitstag starteten die beiden um fünf Uhr morgens mit Hochzeitskleid, Brautstrauß und Ringen im Rucksack ihre Wanderung zur türkisen Laguna de los Tres. Kurz vor der Ankunft begann die aufgehende Sonne die Gipfel der Berge allmählich in gleißendes Licht zu tauchen und begleitete Adri und Eric bis zum Ufer des Bergsees. Nach einem wärmenden Schluck Kaffee aus der Thermoskanne schlüpfte Adri in ihr Brautkleid von Rue de Seine, während Eric den Champagner bereitstellte. Vor der atemberaubenden Kulisse gaben sich Adri und Eric schließlich das Jawort – mit dem Gipfel des Fitz Roy als Trauzeuge.

Den eigenen Weg finden

Eine kilometerlange Wanderung steht einer stilsicheren Outdoorhochzeit nicht im Weg. Wenn ihr das möchtet, lässt sich alles Essenzielle wie bei Adri und Eric auch in zwei Rucksäcken unterbringen.

Manchmal liegt das Glück am Mittelmeer

Ein spontaner Hochzeitstermin im südfranzösischen Château de Cassis – auf halber Strecke zwischen Kambodscha und Kanada

Oben Nach kambodschanischer Tradition legen die Frischvermählten ihre Hände auf ein großes Kissen, wo ihnen die klassischen Armbänder umgelegt werden.
Links Nach der Zeremonie segnen zunächst die Eltern die beiden mit guten Wünschen. Anschließend gratulieren ihnen alle verheirateten Gäste.

Schon Jahre im Voraus hatten Mathieu und Vannak begonnen, zauberhafte Ideen für ihre Hochzeit zu sammeln. Als sie das historische Château de Cassis an der französischen Mittelmeerküste entdeckten und dort unerwartet ein Termin frei wurde, sagte das Paar direkt zu. Gemeinsam mit ihrer französischen Hochzeitsplanerin entschieden sich Vannak und Mathieu für ein Dekokonzept aus viel natürlichem Grün und hellen Farben, die mit dem beigefarbenen Stein des Châteaus harmonieren. Als Dresscode wurde um Pastellfarben gebeten. Die Hochzeitseinladung zierten ein tropisches Blatt für Vannak und sein Geburtsland Kambodscha und ein Apfelbaumblatt, das Mathieu und seine Heimat Kanada symbolisierte.

Auch für die Trauung mixten Mathieu und Vannak gelungen ihren eigenen Stil mit traditionellen Elementen. Von der klassischen Khmer-Zeremonie, die eigentlich mehrere Tage dauert, übernahm das Paar einfach seinen einstündigen Lieblingsteil und die Hochzeitskleidung. Für den säkularen Part der Trauung wechselten Vannak und Mathieu in helle Anzüge. Die ganze Hochzeitsgesellschaft zog vom Foyer des Schlosshotels auf die spektakuläre Terrasse, wo sich das Paar vor mediterraner Traumkulisse das Jawort gab.

Damit Vannak und Mathieu sich ganz auf ihren großen Tag und ihre von weither angereisten Gäste konzentrieren konnten, besprach die Hochzeitsplanerin mit dem Paar jedes Detail bereits Monate im Voraus. So blieben am Hochzeitstag die Telefone ausgeschaltet, und Vannak und Mathieu waren ganz im Moment.

Gut geplant, entspannt gefeiert

Auch ihr wollt jede Minute eurer Hochzeit genießen? Dann investiert wie Vannak und Mathieu in einen Hochzeitsplaner oder einen Zeremonienmeister, der sich um alle Details und den reibungslosen Ablauf eurer Feier kümmert.

Oben links Wenn die Menükarte mit der Einladung harmoniert, wirkt die gesamte Papeterie wie aus einem Guss.
Oben rechts Die traditionellen Blütenketten der Khmer bringen Glück und sehen nebenbei wunderschön aus.
Unten links Mit Accessoires aus euren Geburtsländern wird die Dekoration zum spannenden Statement.
Unten rechts Wenn ihr authentische Accessoires von einem anderen Kontinent bestellen wollt, bedenkt die Lieferzeit und eventuelle Zollgebühren.
Rechts Pflanzen geben ein wunderbares Motiv mit einer besonders positiven Symbolik ab.

LA FÊTE CONTINUE...
VANNAK & MATHIEU
SERONT RAVIS DE VOUS RETROUVER LORS D'UN BRUNCH
LE 6 SEPTEMBRE 2019 À 12 HEURES
CHÂTEAU DE CASSIS
VALLEES D'ANDORRE
Mathieu & Vannak
VANNAK
MATHIEU
MENU
ENTREE
PLAT
FROMAGES
DESSERTS
VINS
CONCERNANT LES HÔTELS
CONCERNANT LES HORAIRES
Le jour J
Concernant le dress code
Le lendemain
CONCERNANT LE REPAS
CONCERNANT LES ENFANTS
Mathieu
Vannak
ENSEMBLE AVEC LEURS FAMILLES
VANNAK SENG វណ្ណៈ សេង
&
MATHIEU ARSENEAU ម៉ាជើ អាកសីណូ
ONT LA JOIE DE VOUS FAIRE PART DE LEUR MARIAGE
LE JEUDI 5 SEPTEMBRE 2019
À 15 HEURES
CHÂTEAU DE CASSIS
13260, CASSIS
FRANCE

Oben Eure multikulturelle Hochzeit verlangt geradezu nach einem Outfitwechsel. So könnt ihr verschiedene Lieblingsstyles ausleben.
Links Ihr wollt auch in eine stilsichere Hochzeitsplanerin wie Camille investieren? Dann dürft ihr euch auf stimmige Arrangements wie dieses freuen.

Ganz nach eurem Geschmack

Wie euer individuelles
Catering gelingt – vom Foodtruck
bis zur Hochzeitstorte

Gegessen wird bekanntlich immer. Euch stehen viele wunderbare Cateringoptionen offen, die genau zum Stil eurer Feier passen. Damit sich alle Gäste wohlfühlen, berücksichtigt bei der Wahl des Essens eventuelle Allergien oder Unverträglichkeiten und haltet Alternativen für Vegetarier und Veganer bereit. Kleine Gäste freuen sich außerdem über kindgerechte Köstlichkeiten. Bon appétit!

Oben Am Büfett kommen eure Gäste entspannt miteinander ins Gespräch und bestimmen selbst, was und wie viel sie essen.
Links oben Nach dem Essen, beim Kaffee oder zum Cocktail? Plant im Voraus, wann ihr die Hochzeitstorte anschneidet.
Links mittig Ihr könnt euch nicht zwischen einem klassischen Essen und einem Büfett entscheiden? Gemeinschaftsgerichte sind eine schöne Lösung.
Links unten Wer in einen Bartender investiert, wird mit perfekt gemixten Drinks belohnt. Dazu kann der Bartender professionell auf Extrawünsche eurer Gäste eingehen.

Oben Das Auge trinkt mit. Achtet bei niedrigen Tischen darauf, dass keine kleinen Kinder oder Hunde dem schönen Arrangement gefährlich werden können.
Rechts oben Haltet immer genug Eis zum Kühlen bereit, denn nur kalter Champagner ist guter Champagner.
Rechts mittig Professionelles Servicepersonal ist eine lohnende Investition und kann den Ablauf eures Empfangs maßgeblich erleichtern.
Rechts unten Snacks und Fingerfood kommen immer gut an und bilden besonders für den Begrüßungsdrink vor dem Essen eine gute Grundlage.

Sektempfang

Nach dem Jawort mit euren Gästen anzustoßen ist eine schöne Pflicht. „Beim Empfang gilt: Alles kann, nichts muss!“, weiß Nessa Buonomo, die mit La Mariée aux Pieds Nus einen der spannendsten französischen Hochzeitsblogs betreibt. „Neben dem klassischen Crémant oder Champagner könnt ihr auch Cocktails und Mocktails, Saft oder sogar Wein reichen. Achtet auf jeden Fall darauf, es beim Empfang mit dem Alkohol langsam angehen zu lassen, und reicht dazu kleine Hors d'œuvres, um die Zeit bis zum Essen zu versüßen.“

„Reicht zu den Empfangsdrinks auch alkoholfreie Alternativen und kleine, am besten salzige Snacks. So steigen Crémant, Champagner oder Gin Tonic nicht so schnell zu Kopf.“

Sitzplan

Klingt altmodisch, hat aber große Wirkung: der Sitzplan. Beginnt mit seiner Planung am besten, wenn alle Zu- und Absagen eingetroffen sind, und stellt euch auf Last-Minute-Änderungen ein. Nessa rät: „Setzt an jeden Tisch mindestens zwei Personen, die sich schon kennen!" Gruppiert zudem eure Gäste nach Alter oder Interessen und platziert ausländische Gäste an Tische, wo zumindest gutes Englisch gesprochen wird. Gemischte Tische sind charmanter als reine Singletische. Einzelne Teenager fühlen sich am Tisch mit jungen Erwachsenen meist wohler als am Kindertisch. Euer eigener Tisch steht am besten dort, wo alle Gäste euch sehen können. Üblicherweise sitzen Eltern und Trauzeugen bei euch, doch das ist kein Muss. Bei der Erstellung des Sitzplans hilft übrigens kostenlose Software wie Tablerrr oder Wedding Wire.

„Als Faustregel gilt: Setzt an jeden Tisch mindestens zwei Gäste, die sich kennen, und platziert Singles an gemischten Tischen!"

Oben Die meisten Locations geben zwar die Tischform vor, bieten aber verschiedene Tischarrangements, aus denen ihr gemeinsam eure Wunschaufstellung wählt.
Links oben Besonders einladend wirkt der Platz, wenn den Gast neben dem Namenskärtchen etwas Deko, wie hier ein hübscher Zweig, erwartet.
Links mittig Die Dekoration in der Mitte der Tische sollte nicht über die übliche Augenhöhe ragen, sodass sich eure Gäste gut sehen und auch über den Tisch hinweg unterhalten können.
Links unten Achtet darauf, dass alle Gäste euch und eure Redner von ihrem Platz aus gut sehen können.

Oben Ihr wollt einen Foodtruck mieten? Die meisten Anbieter kalkulieren ihr Angebot nach Personenanzahl × Preis pro Gericht und arbeiten mit einem Mindestbudget.
Rechts oben Crushed Ice verwässert den Drink am schnellsten, während große Eiswürfel dank ihrer geringeren Oberfläche langsamer schmelzen.
Rechts mittig Eure Tischdekoration sollte relativ stabil stehen, sodass beim Zuprosten nichts versehentlich umfällt.
Rechts unten Mit einem stilvollen Mix aus Snackplatten, Blumen und Accessoires wird das Büfett selbst zur Dekoration.

Getränke

Achtet neben einer schönen Auswahl an Wein, Bier und Spirituosen darauf, auch alkoholfreie Getränke und genügend Wasser – still und mit Sprudel – bereitzuhalten. Wenn ihr ein großes Menü plant, steht euch der Caterer bei der Weinauswahl und der Berechnung der Portionen gern zur Seite. Berücksichtigt dabei, ob eure Gäste nach der Feier noch fahren müssen. Zusätzlich könnt ihr eine Gin-Bar aufbauen oder leckere Signature-Cocktails mit euren Namen anbieten.

Klassisch

Die traditionelle (und teuerste) Variante des Hochzeitsessens ist immer noch das elegante Menü, in mehreren Gängen am Platz serviert. Es ist eine Kunst, damit alle Geschmäcker zu treffen.

Alternativ bietet sich ein klassisches Büfett an, das verschiedene Vorlieben abdeckt und gleichzeitig eure Gäste ganz unkompliziert zusammenbringt, wenn sie sich den nächsten Teller auftun.

„Jeder Cocktail ist immer nur so gut wie seine schlechteste Zutat. Achtet auf höchste Qualität von Spirituosen über Filler bis Eis!“

Essen fassen!

Zu viel Tradition ist nichts für euch, doch ihr wollt trotzdem mit euren Gästen gemeinsam am Tisch essen? Dann platziert einfach große Gemeinschaftsplatten und Schalen zur Selbstbedienung in der Tischmitte! Damit verbindet ihr die Vorteile von Menü und Büfett. „Richtet die Gemeinschaftsgerichte besonders hübsch an, zum Beispiel auf Etageren, Vintagegeschirr oder großen Schieferplatten", rät Nessa. Diese Variante lässt sich gut mit der Hilfe von Familie und Freunden realisieren – und sorgt gleichzeitig für einen großen Teil der Tischdekoration.

Foodtruck

Neben ihrem praktischen Aspekt haben Foodtrucks den großen Vorteil, einfach gut auszusehen. Das Foodtruckteam sollte ausreichend Essen für alle Gäste anbieten können und es schnell und zuverlässig zubereiten. Bei einer großen Feier bieten sich zwei Foodtrucks an, die für ein größeres Essensangebot und kürzere Schlangen sorgen. Holt euch dafür in jedem Fall die Genehmigung eurer Location ein.

„Foodtrucks können auch Outdoorhochzeiten unkompliziert bedienen und servieren alles von Pulled Pork über Burger bis zu Kaffee und Kuchen. Dazu arbeiten sie dank Generator und Wassertank meist autark."

Oben Haltet immer genügend Wasser bereit, denn Feiern macht durstig. Ganz nebenbei werden auch Wein und Cocktails so besser vertragen.
Links oben Ihr bucht eine Location mit Servicepersonal? Dann lernt das Team am besten in Voraus kennen und überzeugt euch von der Freundlichkeit und Professionalität der Mitarbeiter.
Links mittig Wie gut, dass die Natur so viele dekorative Früchte designt. *Links unten* Das Büfett ist eröffnet! Wenn ihr viele Gäste habt, könnt ihr eine Reihenfolge zum Anstellen festlegen, die sich zum Beispiel nach Tischnummern richtet.

Oben Das Probekosten der Torte beim Konditor gehört zu den schönsten Parts der Hochzeitsvorbereitung.
Rechts oben Ihr träumt von einer Torte mit eurem Traumauto in Miniaturformat oder mit einem speziellen Finish? Euer Konditor erfüllt gern ausgefallene Wünsche.
Rechts mittig Nicht alle eure Gäste sind Tortenfans und werden nach einem kleinen Höflichkeitsbissen lieber auf frische Alternativen zurückgreifen.
Rechts unten Fingerfood funktioniert auch in Süß. Denkt dabei an die kleinsten Gäste und bietet auch kindgerechte Naschereien an.

Süßes

Neben dem Klassiker Kaffee und Kuchen bieten sich sogenannte Sweet Tables an – sündige Süßigkeitenbüfetts, die garantiert nicht nur die kleinen Gäste begeistern. Auch das Dessert nach dem großen Hochzeitsessen lässt sich gut als Büfett servieren. So können sich alle ein wenig die Beine vertreten und kommen mit Gästen ins Gespräch, die nicht am eigenen Tisch sitzen.

Hochzeitstorte

Keine Hochzeit ohne Torte! Von der klassischen mehrstöckigen Torte in Weiß bis zur unkonventionellen Designtorte ist alles möglich. „Organisiert die Hochzeitstorte mindestens ein halbes Jahr vor dem Hochzeitstermin", empfiehlt Nessa. „Zum ersten Treffen mit dem Konditor nehmt ihr am besten ein paar inspirierende Bilder mit – nicht nur von Torten, die euch gefallen, sondern auch vom Stil der Hochzeit, vom Brautkleid, von eurem Farbschema etc." Wählt eine Konditorei, die auf Hochzeitstorten spezialisiert ist, und fragt ruhig nach einer Kostprobe. Übrigens: Die Bedeutung, die der Konditor eurer Hochzeitstorte beimisst, könnt ihr gut an der Zeit ablesen, die er sich für das Gespräch nimmt.

„Tolle Inspiration
für eure Hochzeitstorte findet
ihr auf Instagram unter
den Hashtags #weddingcake
und #cakeart!"

Abendempfang

Ihr plant eine Abendhochzeit ohne großes Dinner? Dann stellt leckere Häppchen, Desserts und Cocktails bereit. Ein beliebter Klassiker ist der Mitternachtssnack – gern salzig in Form von Wurst- und Käseplatten oder Pommes frites. Auch mit Chili con Carne, Hotdogs oder Currywurst macht ihr euren feierwilligen Gästen eine leckere Freude.

Gastgeschenke

Als Aufmerksamkeit für eure Gäste sind kleine, reisefertig verpackte Delikatessen zum Mitnehmen ideal. Ob gekauft oder selbst gemacht: Mit liebevoll verpackten Süßigkeiten, einer regionalen Spezialität, einer ausgefallenen Gewürzmischung oder saisonalen Köstlichkeiten könnt ihr euch bei euren Lieben geschmackvoll dafür bedanken, dass sie diesen wichtigen Tag mit euch gefeiert haben.

„Abends läuft der Partymotor am besten mit Treibstoff in Form von salzigen Snacks, fetthaltigem Fingerfood und natürlich richtig guten Drinks. Dazu stellt ihr Wasser mit Zitrone und etwas Eis bereit."

Oben So zauberhaft kann die Goodiebag für eure Hochzeitsgäste aussehen. Besonders schön sind persönliche Details wie die bedruckte Tasche.
Links oben Besprecht mit eurem Caterer auch glutenfreie, koschere und vegane Alternativen zu den üblichen Snacks.
Links mittig Jede Textilreinigungsfirma weiß: Das beste Fingerfood klebt nicht und hinterlässt keine fettigen Finger.
Links unten Servietten und Partyspieße sind deswegen für jede Feier eine gute Idee. Dazu könnt ihr kleine Päckchen mit Fingerreinigungstüchern am Büfett platzieren.

Auf blütengerahmten Stufen ins Glück

Gaby und Timah gewannen eine pandemiekonforme Hochzeit auf den Treppenstufen eines historischen Brownstones in Brooklyn, der Familie und Freunde im Livestream beiwohnten

Oben Sogar Livemusik lässt sich mit ein wenig Einfallsreichtum pandemiekonform gestalten.
Links Diese Blütenpracht inspiriert euch? Dann nehmt zum ersten Termin mit eurem Floristen ein paar Fotos von dieser Hochzeit und weiteren Arrangements mit, die euch gefallen.

Kaum waren Timah und Gaby nach Brooklyn gezogen, brachte die COVID-19-Pandemie ganz New York – und damit auch die Hochzeitsplanung der beiden – zum Stillstand. Zufällig stolperte Timah dann über einen Instagram-Post, in dem eine lokale Floristin eine sogenannte *stoop wedding,* eine Treppentrauung auf einer typischen New Yorker Haustreppe, verloste – samt traumhafter Blumendeko und pandemiekonformem Hochzeitskonzept. Nur zwei Wochen später stand das Paar auf den am schönsten geschmückten Stufen Brooklyns, um von einer ordinierten Freundin getraut zu werden. 15 Gäste feierten vor Ort mit, während 75 Freunde und Familienmitglieder im Livestream zugeschaltet waren. Außerdem jubelte die ganze Nachbarschaft dem Paar von den Balkonen und Fenstern zu.

Online können alle mitfeiern

Ihr wollt ein paar eurer Liebsten online an eurer Zeremonie teilhaben lassen – auch ohne Pandemie? Dann engagiert einen professionellen Videografen oder drückt der besten Freundin das Handy in die Hand!

Oben Ihr habt ganz bestimmte Farben für eure Hochzeit im Kopf? Wunderbar!
Unten Stimmt das Farbkonzept eurer Feier auch mit eurem Konditor ab.
Rechts Dann passt eure Hochzeitstorte perfekt ins Gesamtbild.

Glück ohne Ende unter freiem Himmel

Ihre Hochzeitsparty feierten Emily und Calvin in einem Gewächshaus an der Küste von Santa Barbara und vereinten so alle Vorteile von Outdoor und Indoor

Oben Wenn ihr ein Glasdach wie dieses mit Lichterketten schmückt, wirkt die Spiegelung bei Nacht wie ein funkelnder Sternenhimmel.
Links Das Ensemble wirkt auch deswegen so harmonisch, weil die transparenten Stühle die Glasscheiben des Gewächshauses zitieren.

Da sowohl das erste Date von Emily und Calvin als auch der Heiratsantrag am Meer stattgefunden hatten, war klar: Für ihre Trauung brauchten sie unbedingt eine Location mit Küstenkulisse. Das Paar fand eine Klippe über der Bucht von Santa Barbara, wo am großen Tag ein feenhaftes Blütengesteck das Zentrum der Zeremonie markierte. Als besonders schönes Detail entschieden sich Emily und Calvin, jeweils mit beiden Elternteilen einzulaufen. Für die Feier nach dem Jawort wählten Emily und Calvin das verwunschen-coole Gewächshaus der Dos Pueblos Orchid Farm. Hier feierte die ganze Hochzeitsgesellschaft unter unzähligen Lichtern und umgeben von einer zauberhaften Deko in warmen Farbnuancen von Terrakotta bis Champagner.

Lieblingssnacks für zwischendurch

Ihr überlegt, was ihr neben dem Hochzeitsessen an Süßem und Knabberzeug anbieten könnt? Emily und Calvin entschieden sich einfach für ihre Lieblingssnacks und füllten die Büfettstationen mit scharfen Cheetos, Austern und klassischen Pies.

Diese Seite Die Kleider waren in warmen Farbtönen wie koralle, rosa und rostrot abgestimmt, während die Anzüge mit dandyhaften Hosenträgern ausgestattet wurden.
Rechts Wer hat gesagt, die Snacks können nicht einfach leckere Kräcker und Chips sein? Natürlich innerhalb des Farbschemas!

Doritos
CHESTER'S
FUNYUNS
Cheetos

Katinka & Massimo

Und jetzt … Manege frei fürs Fest!

Im spanischen Riudecols wurden die Gäste mit einer Percussionband und einem riesigen Zirkuszelt überrascht

CIRCUS
INFINITY

Oben Wenn Mottohochzeit, dann richtig! Mit euren Outfits könnt ihr euer Hochzeitsthema wunderbar aufgreifen und unterstreichen.
Links Warum Katinka und Massimo den Namen „Circus Infinity" ausgesucht haben? Wegen ihrer unendlichen Liebe!

„Wenn wir es eines Tages eröffnen, werden wir dort heiraten", versprach Massimo Katinka, als sie vor ein paar Jahren ein historisches Zirkuszelt kauften. Das Paar betreibt gemeinsam die Hochzeitslocation L'Avellana Mas d'en Cabré in Tarragona, deren Grundstück so weitläufig ist, dass Katinka und Massimo zur Freude ihrer drei Töchter das Zelt kurzerhand hier aufbauten – und gleich darauf die Hochzeitseinladungen verschickten.

Katinka träumte von einer Hochzeit im opulenten Stil des Paris um die Jahrhundertwende. Gemeinsam mit ihrem Ausstatter und ihrem Floristen dekorierte sie das Zirkuszelt so persönlich wie prachtvoll. Die lange Hochzeitstafel schmückten pinke und rote Blumenarrangements. Ringsum funkelten schwere Kronleuchter, dazu kam viel frisches Grün, goldene Accessoires und Kuriositäten aus aller Welt. Ihre Gäste hatten Katinka und Massimo absichtlich nicht eingeweiht – das neue Zelt sollte eine Überraschung sein!

Als sich die Hochzeitsgesellschaft am großen Tag zum Aperitif vor dem Haupthaus versammelt hatte, kam auf einmal das Balkan Paradise Orchestra um die Ecke und begleitete die Gäste sprichwörtlich mit Pauken und Trompeten zu einer großen Holztür mitten im Wald. Unter dem Schriftzug „Welcome to the Show" hindurch lief die Gesellschaft staunend auf das Zirkuszelt zu, wo alles für das große Fest bereitstand. Mit ergreifenden Worten tauschten Katinka und Massimo die Ringe, die ihre Töchter auf einem eigens von ihnen gewebten Ringkissen brachten, und starteten die Party mit einem Kuss unter goldenem Konfettiregen.

Inszeniert euch und eure Liebsten

Auch ihr liebt die persönliche Note? Verwirklicht eure wildesten Ideen, nutzt Gegenstände aus eurem Besitz als Dekoration und bezieht eure Lieblingsmenschen in die Zeremonie mit ein.

Oben links In einer abseits gelegenen Hochzeitslocation könnt ihr so laut und wild feiern, wie ihr wollt!
Oben rechts Je individueller eure Hochzeitstorte ist, desto schöner bleibt sie euch und euren Gästen in Erinnerung.
Unten links Ob Blumenmädchen oder Ringträger: Es ist immer ein herzerwärmender Moment, wenn Kinder einen Part bei der Zeremonie übernehmen.
Unten rechts Lust auf ein spektakuläres Hochzeitskleid in Gold und Glitzer? Yes, you can!
Rechts Die goldenen Details von den Stühlen bis zum Tellerrand geben dem Ensemble seinen hohen Glamourfaktor.

Links und oben Das knallrote Zeltdach, großzügig drapierte Zimmerpflanzen und sogar ausgediente Fahrräder geben dem Zirkusthema eine ganz eigene, zauberhafte Note.
Unten Jede Location braucht eine ruhigen Ort, an dem die Gäste kurz entspannen können, bevor sie die Tanzfläche stürmen.

Oben Überraschungseffekte und strahlende Laune machen euren Einzug zum echten Highlight für eure Gäste.
Rechts We are family! Wenn ihr schon zu mehreren seid, sind eure kleinen Lieblingsmenschen automatisch Teil des Hochzeitsteams.

WELCOME
TO THE
SHOW

So dekorierst du deine Hochzeit

So sorgt ihr mit Farben, Licht und Accessoires für eine Feier, die euch entspricht

Magie kommt gern zu Gast, wenn sie eingeladen ist. Und je liebevoller, persönlicher und authentischer die Dekoration eurer Hochzeit ist, desto lieber nimmt sie Platz. „Euer Design bestimmt das Flair der Hochzeit von dem Moment an, in dem eure Gäste die Einladung bekommen“, meint Marisa Suarez-Orozco. Mit ihrem Eventstudio Tropic of Flowers entwirft sie traumhafte Dekorationen für Hochzeiten auf der ganzen Welt. „Von den Blumen bis zur Papeterie verwandeln die richtigen Accessoires jede Umgebung in genau den Ort, den ihr euch für eure Hochzeit wünscht.“

Oben Je individueller eure Dekoration, desto einzigartiger ist eure Hochzeit. (Die beiden umwerfenden Piñatas haben Jaimee und Adam übrigens bis heute behalten.)
Links oben Tischschmuck aus der Natur ist wunderschön und kostet nichts. Achtet darauf, nur dort Zweige abzuschneiden, wo es erlaubt ist.
Links mittig Von der hübschen Einladung bis zur Tischkarte im passenden Design untermalt auch die Papeterie den Stil eurer Hochzeit.
Links unten Komplementäre Farben und Materialien werden hier durch die gleiche Längszeichnung zusammengehalten.

Oben Mit Teppichen und Wandbehang könnt ihr einladende kleine Sitzecken markieren, die damit einen unaufdringlichen Rahmen erhalten.
Rechts oben Ton-in-Ton-Dekoration bekommt durch schimmernde und spiegelnde Elemente wie die Discokugeln ein echtes Glamour-Update.
Rechts mittig Mit außergewöhnlichen Details könnt ihr das Thema eurer Feier unterstreichen.
Rechts unten Das Blumenarrangement liegt traditionell auf der Motorhaube und als schöner Twist auch auf dem Heck eures Wagens.

Findet euer Thema

Ihr träumt von einer modernen Soiree, einer tropischen Party oder einem Dinner unterm Sternenhimmel? „Beginnt die Themenfindung am besten mit einem Moodboard“, rät Marisa. „Überlegt, was euch beide an- und was euch entspricht. Gute Ideen findet ihr in eurem Kleiderschrank, bei eurer Einrichtung, euren Lieblingsfilmen und -zeitschriften. Welche Stile und Farben mögt ihr? Steht ihr auf modern oder klassisch, extravagant oder romantisch? Sammelt Fotos, die euch beiden gefallen, und sucht nach roten Fäden. So lässt sich eine gemeinsame Vision für eure Hochzeit entwickeln.“ Der Ort, den ihr für eure Hochzeit wählt (die schönsten Tipps dazu findet ihr auf S. 36), steckt den Rahmen für die Dekoration und den Stil der Einladungen. Bei einer Hochzeit im Grünen oder am Strand ist die Umgebung oft schon Schmuck genug, sodass ihr nur wenige Accessoires braucht. Puristische Säle lassen sich wie eine weiße Leinwand komplett selbst gestalten, bedeuten aber meist ein höheres Dekobudget. Bauernhöfe, Lodges oder Rooftops geben eine stilistische Richtung vor, die ihr mit der richtigen Dekoration unterstreichen oder kontrastieren könnt.

„Um eine gemeinsame Version eurer Hochzeit zu entwickeln, orientiert euch an eurem Einrichtungsstil, eurem Kleiderschrank und euren Lieblingsfilmen.“

Zeremonie

Ihr habt euch für eine sommerliche Boho-Hochzeit im eigenen Garten entschieden? Den obligatorischen Traubogen könnt ihr einfach aus Holzlatten zimmern. Dazu passen viel Grün, Gold, strahlende Farbakzente, Pampasgras und flatternde Bänder. Wenn ihr es modern mögt, dekoriert den Zeremonienbereich mit einem Neonschriftzug, den ihr individuell anfertigen lassen und nach der Hochzeit daheim aufhängen könnt. Wählt dekorative, bequeme Stühle, Bänke oder Heuballen zum Sitzen für eure Gäste und stellt ein Willkommensschild und ein Zeremonienprogramm auf. Wenn der Ort das hergibt, hängt ausladende Girlanden oder Leuchter über den Gang zum Traubogen oder Altar.

„Schenkt dem Traubogen oder dem Altar beim Dekorieren besondere Aufmerksamkeit, denn er ist das optische Centerpiece eurer Zeremonie."

Oben Mit etwas Glück findet ihr einen Floristen, der eure Zeremonie mit einem Meisterwerk wie diesem rahmt.
Links oben Der Brautstrauß ist einerseits Teil des Outfits, andererseits Teil der Dekoration. Ein guter Florist gestaltet ihn als visuelles Verbindungsstück.
Links mittig Bunte Wimpel haben einen ähnlichen Effekt wie Konfetti und sorgen unmittelbar für gute Laune.
Links unten Traubögen zum Selbergestalten könnt ihr bequem im Internet bestellen. Hier findet ihr eine riesige Auswahl von der klassischen Halbrundform bis zu Sechsecken und Kreisen.

Oben Besonders harmonisch wirkt euer Tischensemble, wenn die Dekoration die Farben und Formen ihrer Umgebung aufgreift.
Rechts oben Hier zitieren die roten Gläser und roten Blüten gelungen das rote Zirkusdach.
Rechts mittig Achtet darauf, dass die Tischdekoration vor allem aus der Sitzperspektive harmonisch aussieht.
Was fällt euch als Erstes ins Auge? Dabei sollte nichts den Blick zum gegenübersitzenden Gast verstellen.
Rechts unten Die Tischdecke oder der blanke Tisch bilden die visuelle Basis für alles, was darauf steht.

Zu Tisch!

Ihr wollt eure Gäste nach der Trauzeremonie zu Tisch bitten? Arrangiert euer Lieblingsgeschirr mit Blumengestecken, Kerzen und Namenskarten. Farbige Tischdecken sind wunderbare Farbtupfer. Botanisch wird es mit kleinen Sukkulenten, die gleichzeitig ein hübsches Gastgeschenk abgeben. Holzelemente wie Untersetzer, Zweige oder Besteckgriffe sorgen für ein rustikales Ambiente. Mit Spitze und floralen Prints zaubert ihr zartes Vintageflair.

Wer unter freiem Himmel feiert, kann Picknickdecken auslegen oder ein paar Cocktailtische mit einem hübschen Mittelpunkt bereitstellen. Kombiniert dafür zum Beispiel eine bunt gefüllte Vase, einen Kerzenhalter und einen Aufsteller mit einer passend designten Programmkarte. Es gilt der Grundsatz: Unterschiedliche Höhen sowie eine ungerade Anzahl an Dekogegenständen wirken besonders harmonisch.

„Arrangiert euer Lieblingsgeschirr mit Blumengestecken, Kerzen und Namenskarten. Farbige Tischdecken sind wunderbare Farbtupfer."

Es werde Licht!

Die richtige Beleuchtung ist genauso wichtig wie die Musik. Viele verschiedene Lichtquellen sorgen für eine ausgeglichene und harmonische Atmosphäre. Kerzen zaubern Wärme, Lampions wirken verspielt, Laternen rustikal und edle Leuchter luxuriös. Mit Spots und Lichterketten säumt ihr die Tanzfläche wie auch den Weg zu den Toiletten. Fragt beim lokalen Dekoverleih nach eurer Lieblingsbeleuchtung – wer mietet, schont das Budget und die Umwelt. Stellt für den Abend hübsche Kerzen auf Simse und Fensterbänke und platziert Spiegel dahinter, um den Effekt zu verdoppeln. Nicht zuletzt verspricht ein warmes Licht auch phänomenale Fotos.

„Stellt für den Abend hübsche Kerzen auf Simse und Fensterbänke und platziert Spiegel dahinter, um den Effekt zu verdoppeln. Nicht zuletzt verspricht ein warmes Licht auch phänomenale Fotos."

Oben Indirektes Licht von mattierten Leuchten wirkt weicher und ist angenehmer für die Augen als das direkte Licht von klaren Glühbirnen.
Links oben Parallel angeordnete Lichterketten über der Szenerie verströmen ein gleichmäßiges Licht und wirken gleichzeitig wie ein kleiner Sternenhimmel.
Links mittig Dezent platzierte Sonnenfänger werfen kleine Lichtpunkte in den Raum und sind unaufdringlicher als große Discokugeln.
Links unten Achtet bei Kerzen mit offener Flamme darauf, dass sie außer Reichweite von Kindern und Hunden stehen.

Oben Bei einer ausgelassenen Feier wandern besondere Stücke schon mal auf den Dancefloor. Setzt am besten auf robuste Deko, die auch kaputtgehen darf.
Rechts oben Ihr wollt so richtig abgehen? Dann kündigt das in der Einladung bereits an, sodass sich eure Gäste mental und outfittechnisch auf die Party vorbereiten können.
Rechts mittig Erlaubt ist, was gefällt. Girlanden in allen Formen und Farben schenken jeder Location fröhliches Festivalflair.
Rechts unten Eure Dekoration soll eine Aussage haben? Wie wäre es mit „Ab auf den Dancefloor!"?

Partytime

Kombiniert das Dekorative mit dem Nützlichen. Ein historischer Kaffeewagen sorgt für einen eleganten Vibe und versorgt eure Gäste mit Cappuccino und Americano. Oder ihr mietet ein hübsches Karussell, das die Kinder unterhält und gleichzeitig eine zauberhafte Kulisse für Fotos abgibt. Auch sorgsam ausgewählte Fotoautomaten, Hängematten, Tipis und Rasenspiele haben den schönen Nebeneffekt, einfach gut auszusehen. Gleichzeitig definiert ihr damit verschiedene Bereiche und sorgt für Interaktion unter euren Gästen. „Nach dem weltweiten Lockdown freuen sich Gäste umso mehr über eine besondere Feier", meint Marisa. „Ich denke, dass Paare heute auch deshalb mutige und ungewöhnliche Entscheidungen für ihre Hochzeitsdeko treffen." Dafür bietet sich nicht zuletzt die Tanzfläche an: Rahmt sie mit gemieteten Palmen, hängt eine riesige Discokugel auf oder füllt ein Planschbecken mit aufblasbaren Plastikgitarren – eurer Fantasie sind keine Grenzen gesetzt.

Dekoration bringt eure individuellen Persönlichkeiten und euch als Paar zum Vorschein. Ladet die Magie ein und zeigt euch!

„Jetzt ist der beste Zeitpunkt für extravagante Partyideen. Denn nach der überstandenen Pandemie haben eure Hochzeitsgäste besonders große Lust, richtig zu feiern."

Indische Pracht in maurischer Architektur

Nach der Zeremonie im luxuriösesten Hotel Sevillas setzten Raisha und Nikhil ihr rauschendes Hochzeitsfest in einer Hacienda aus dem 18. Jahrhundert fort

Oben Eure Hochzeit hat nicht zuletzt etwas sehr Heiliges. Kommt während der Feier immer wieder zu euch und in den Moment zurück.
Links Das Wetter ist Glückssache, aber wenn ihr euch im Voraus die Wetterberichte der letzten Jahre anschaut, findet ihr vielleicht ein überdurchschnittlich sonniges Datum.

Die südspanische Stadt Sevilla ist so traumhaft, dass Raisha und Nikhil ihre Hochzeit gleich an drei ihrer Lieblingslocations feierten. Die maurische Architektur der Villa Luisa gab die perfekte Fotokulisse für die sensationellen Hochzeitsoutfits des Paars ab. Im luxuriösen Hotel Alfonso XIII fand die Zeremonie mit klassischen Hindu-Traditionen wie der Saptapadi statt. Dabei wird der Sari der Braut mit dem Schal des Bräutigams zusammengeknotet und anschließend läuft das Paar gemeinsam sieben Schritte in Anwesenheit von Feuer. Bei jedem Schritt geben sie sich gegenseitig Versprechen – darunter Unterstützung und Glück. Beim anschließenden Dinner samt Tanz im Hof der Hacienda Molinillos aus dem 18. Jahrhundert wurden einige von Raisha und Nikhil direkt in die Tat erfüllt.

Bewegte Bilder

Um die wertvollsten Erinnerungen an ihre fürstliche Hochzeit zu bewahren, engagierten sie einen Videografen, der aus den schönsten Momenten der Feier einen kleinen Film machte.

Oben Traditionen wollen modern interpretiert werden.
Unten Ein Wahrsager bei der eigenen Hochzeit? Superidee!
Rechts Diese hohe Tischdeko lässt den Blick auf den gegenübersitzenden Gast wunderbar frei.

VEINTITRES

Oben Henna – oder Mehendi – symbolisiert Liebe und Glück.
Unten Der Einzug der Braut gehört kulturübergreifend zu den wichtigsten Momenten.
Links Kleine Rückzugsorte ermöglichen besinnliche Minuten.

Jaimee & Adam

Bunte Fiesta unter Palmen und Piñatas

Vintageoutfits, mexikanisches Flair
und Do-it-yourself in der kalifornischen
Wüste bei Twentynine Palms

73959
YOU & ME

WELCOME
We're so happy you're here!
FRI day
APRIL 21st, 2017
7 PM WELCOME DINNER
SATUR day
APRIL 22nd, 2017
5 PM COCKTAIL HOUR + ACOUSTIC SET BY HANNAH ANDERSON
5:45 PM FIRST DANCE AS NEWLYWEDS!
6 PM DINNER
SUN day
APRIL 23rd, 2017
9 AM FAREWELL "WELL THAT WAS FUN!" BRUNCH
1 PM PAINTING POTTERY PARTY
THE ROAD TO...
29 PALMS INN
62
10
111
LAX
Twentynine Palms
2
LA PALMA
6
BEBES DE PIEL
1
LOS RECIÉN CASADOS
COTTONWOOD DRIVE
IRENE'S ADOBE
FAULTLINE FARM
WEST END COTTAGE
OASIS OF MARA
POND
LAWN
DINING ROOM BAR
POOL
PARKING
ENTRANCE
MACKENZIE
GUEST HOUSE
ART
29 PALMS INN
73950 INN AVE
29 PALMS CA 92277
HYACINTH
GOLDEN BUSH
HERMITAGE
FORGET-ME-NOT
PENTHOUSE
ENCELIA
CREATIVE CENTER & GALLERY
ADOBE ROAD
N
www.29palmsinn.com

Oben Noch süßer als ihre Bonbonfüllung sind die Piñatas selbst, die im Innenhof des kalifornischen Wüstenhotels stehen.
Links Wenn ihr eure Hochzeit von den Einladungen bis zur Tischdekoration selbst gestaltet, trägt die gesamte Feier eure eigene, unverwechselbare Handschrift.

Jaimee und Adam waren schon seit 14 Jahren ein Paar, als sie entschieden, ihre Liebe offiziell zu machen. Für die große Party ein paar Monate nach der Zeremonie im engsten Familienkreis fiel die Wahl auf das verwunschene 29 Palms Inn, das am Rande des Joshua Tree National Park mit Westernflair und Blick in den kalifornischen Wüstenhimmel aufwartet.

Als Inhaberin eines beliebten Vintage Stores weiß Jaimee, wie man mit verschiedenen Farben und Materialien ein stimmiges Gesamtbild schafft. So engagierte das Paar keine Hochzeitsplanerin, sondern arrangierte die Party mit 40 Gästen einfach komplett selbst. Für die mexikanisch inspirierte Deko hängten Jaimee und Adam bunte Piñatas in den Innenhof des 29 Palms Inn. Diese ergänzten sie um farbenfrohe Wimpel und eine leuchtende Tischdekoration aus Blütenarrangements, Papierkakteen und bemaltem Porzellan auf selbst genähten Tischläufern.

Auch ihre ausgefallenen Hochzeitsoutfits passten Jaimee und Adam dem farbenfrohen Thema an. Von den Gästen wünschte sich das Paar den passenden Dresscode im knallig-monochromen Look – was für unvergessliche Regenbogenfotos sorgte! In die lebensgroßen Piñatas von sich selbst, die über die liebevoll gedeckte Tafel wachten, verliebten sich Jaimee und Adam übrigens so sehr, dass sie es nicht übers Herz brachten, sie zu zerstören. Als hätte der Himmel das gewusst, schickte er den ganzen Abend lang unzählige Sternschnuppen, die wie süße Bonbons vom Himmel fielen.

Aus eigener Hand

Ihr wollt eure Hochzeit auch selbst planen? Erstellt klare To-do-Listen, plant großzügige Zeitpuffer ein und, wenn möglich, ein bisschen Extrabudget für wilde Ideen – wie eigene Piñatas.

Oben links Mit liebevoll selbst gestalteten Plakaten weist ihr euren Gästen den Weg zur Feier.
Oben rechts Luftballons vertragen sich erwiesenermaßen nicht mit Kakteen. Papierballons sind eine schöne Alternative.
Unten links Wählt auf jeden Fall eine Hochzeitslocation, in die ihr euch beide richtig verliebt habt.
Unten rechts Was der Ehering kann, kann das Jackett schon lange. Wenn du selbst nicht nähen kannst, stick dir dein Änderungsschneider gern das Hochzeitsdatum hinein.
Rechts Büfetts bringen Bewegung ins Hochzeitsessen.

Oben Wenn ihr eure Gäste um einen unifarbenen Dresscode bittet, wird jedes Foto ein Treffer.
Unten Auch das Dekor trägt bunt.
Links Besonders schön wirkt das Farbkonzept im Mix mit der natürlichen Lehmwand.

Überraschung mit Drag, Disco und Lametta

Wird man zu einem 50. Geburtstag in Sydney eingeladen und findet sich dann auf einer glitzernden Überraschungshochzeit wieder, ist eine sensationelle Party vorprogrammiert

Oben Mit Showeinlagen wie dieser sichert ihr euch auf jeden Fall den Titel der Partyhochzeit des Jahres.
Links Hat jemand „mehr“ gesagt? Spiegelnde Oberflächen wie die glänzenden Tischplatten und die Discokugeln verdoppeln optisch die sensationelle Deko aus Ballons und Lametta.

Die perfekte Lösung für alle, die keine Einladungskarten schreiben wollen: Ladet eure Gäste einfach zur Geburtstagsfeier ein und verkündet dann während der Party, dass ihr heute heiratet! Sean und Matt haben genau das getan. Während gerade alle mit Cocktails auf Seans 50. Geburtstag anstießen, platzte die Standesbeamtin herein und verkündete, dass jetzt geheiratet werde. Alle jubelten vor Überraschung! Das Paar, das sich 19 Jahre zuvor beim Tanzen kennengelernt hatte, ließ es bei der Feier ordentlich krachen. Die berührende Zeremonie gipfelte zwischen Discokugeln, Feuerwerk und Drag-Performances in einem funkelnden Finale zu Kylie Minogues „All The Lovers“, während hinter dem Paar riesige Glitzerkanonen in Regenbogenfarben explodierten. Mehr Lametta geht nicht.

Mehr ist manchmal mehr

Unterhaltung ist alles! Investiert in sensationelle Dekoration, bucht mitreißende Performances oder stellt euch selbst auf die Bühne. So bereitet ihr euch und euren Gästen eine unvergessliche Feier.

Kalifornische Kunstparty im Fotostudio

Gemeinsam mit befreundeten Künstlern entwarfen Tashina und Huy für ihre avantgardistische Traumhochzeit mit 125 Gästen in Los Angeles eine bunt schillernde Fantasiewelt

Oben Eine kreative Hochzeitsparty wie diese braucht selbstverständlich eine avantgardistische Hochzeitstorte.
Links Wie eine Explosion aus tausend Farben leuchtet der Brautstrauß, der perfekt mit dem kunstvollen Dekor der Location harmoniert.

Hochzeit am Arbeitsplatz? Tashina und Huy haben genau das getan – aber wie! Gemeinsam mit befreundeten Künstlerinnen und Künstlern verwandelten die Stylistin und der Fotograf eines ihrer Lieblingsfotostudios in Los Angeles in eine magische Kunstwelt. Huy fertigte eine spektakuläre Fotowand aus regenbogenbunten Plexiglasscheiben. Tashina entwarf eine Lichtinstallation und ihr eigenes Brautkleid, für das sie einen traditionellen Stoff aus Okinawa – der Heimat ihrer Familie – verwendete. Eine befreundete Floristin dekorierte den Zeremonienbereich als avantgardistische Traumlandschaft, die nach dem Jawort zum Dancefloor umfunktioniert wurde. Hier feierten die Frischvermählten mit ihren 125 Gästen zwischen Luftballons, Konfetti und goldenen Riesenblättern bis tief in die Nacht.

Naheliegende Orte

Oft muss die ideale Location für eure Feier gar nicht gesucht werden, sondern ergibt sich – wie bei Tashina und Huy – fast von selbst, wenn die Liste gemeinsamer Lieblingsorte durchgegangen wird.

Oben Benennt in der Einladung den erbetenen Dresscode.
Unten Dann passen eure Gäste auch optisch zur geschmückten Tafel.
Rechts „Aufgaben" wie Luftschlangenpusten involvieren und unterhalten eure Gäste zugleich.

Index

Macht diesen Tag zu eurem Tag!

S. 8–25

So findet ihr die richtige Location

S. 36–45

Was du bei deiner Hochzeit tragen kannst

S. 92–105

So feiert ihr eine nachhaltige Hochzeit

Ganz nach eurem Geschmack

So dekorierst du deine Hochzeit

Lass uns besser heiraten!

Besondere Hochzeiten für
Menschen von heute

Konzeption, Redaktion und Design von gestalten.

Herausgegeben von Robert Klanten und Elli Stuhler
Mitherausgeber: Marianne Julia Strauss
Texte von Marianne Julia Strauss

Head of Design: Niklas Juli
Cover, Design und Layout von Stefan Morgner
Layoutassistenz von Antonia Heckenbach

Bildredaktion: Madeline Dudley-Yates

Schriften: Kepler von Robert Slimbach, Millionaire von Raphaël Verona

Titelbild von Jenn Emerling
Umschlagbilder von Maya Maréchal (links oben), Liz Dvorkina (rechts oben), Sylvie Rosokoff (unten)

Druck: NINO Druck GmbH, Neustadt an der Weinstraße
Hergestellt in Deutschland

Erschienen bei gestalten, Berlin 2021
ISBN 978-3-96704-015-9

Die englische Ausgabe ist unter der
ISBN 978-3-96704-014-2 erhältlich.

Weitere Informationen und Buchbestellungen unter www.gestalten.com

Bibliografische Information der Deutschen Nationalbibliothek. Die Deutsche Nationalbibliothek verzeichnet diese Publikation in der Deutschen Nationalbibliografie; detaillierte bibliografische Daten sind im Internet über www.dnb.de abrufbar.

Dieses Buch wurde auf FSC®-zertifiziertem Papier gedruckt.

FSC
www.fsc.org
MIX
Papier aus verantwortungsvollen Quellen
FSC® C006655